일본인에게 역사란 무엇인가

NIHONJIN NO REKISHI ISHIKI
by Kinya Abe

ⓒ 2004 by Kinya Abe

Originally published in Japanese in 2004 by Iwanami Shoten, Publishers, Tokyo.
This Korean language edition published in 2005 by Ghil Publisher, Seoul.
by arrangement with the author c/o Iwanami Shoten, Publishers, Tokyo.

이 책의 한국어 판권은 베스툰 코리아 에이전시를 통해
일본 저작권자와 독점 계약한 도서출판 길에 있습니다.
저작권법에 의해 한국 내에서 보호를 받는 저작물이므로
무단 전재와 무단 복제를 금합니다.

일본인에게 역사란 무엇인가

'세켄'(世間) 개념을 중심으로

아베 긴야 지음 · 이언숙 옮김

역사도서관 | 교양 2
일본인에게 역사란 무엇인가
'세켄'(世間) 개념을 중심으로

2005년 5월 15일 제1판 제1쇄 인쇄
2005년 5월 20일 제1판 제1쇄 발행

지은이 | 아베 긴야
옮긴이 | 이언숙
펴낸이 | 박우정

기획 | 이승우 편집 | 조율

펴낸곳 | 도서출판 길
주소 | 137-888 서울 서초구 양재동 13-14 흥농빌딩 301호
전화 | 02)572-3153 팩스 | 02)572-3165

등록 | 1997년 6월 17일 제113호

ⓒ 이언숙, 2005. Printed in Seoul, Korea

ISBN 89-87671-36-4 03900

■ 한국어판 서문

 이번에 한국에 계신 여러분께 제 책을 소개하게 되어 참으로 기쁘게 생각합니다. 이 책은 일본인의 역사의식을 다룬 것인데, 지금까지 역사의식이라고 하면 문서나 문헌으로 기록된 자료에 나타난 역사의식을 서술하는 것이 일반적인 방법이었습니다. 하지만 이 책은 '세켄'(世間)이라는, 일본인이 경험하는 일상생활의 장에 나타난 역사의식을 다루고 있습니다.
 일반적으로 역사의식이라고 하면, 교과서나 개설서에서 서술하는 역사의식을 가리킵니다. 그러나 이는 만들어진 역사의식을 다루는 일과 그다지 다르지 않습니다. '세켄' 속에 살아 있는 역사의식이란, 보통 사람들의 일상생활 속에 살아 있는 것이므로 그리 간단하게 만들어지거나 그에 영향을 미치거나 할 수 없습니다. 이 때문에 이러한 '세켄'의 시각에서 살펴보는 역사의식 연구가 중요하게 자리하게 됩니다. 그러나 '세켄'을 연구 대상으로 자리매김하는 일도, '세켄'의 시각에서 본 역사의식을 관찰하는 일도 모두 결코 녹록한 일은 아닙니다.
 '세켄'이라는 개념은 일본에서 아주 오래전부터 알려져 있으며 누구나 잘 알고 있는 개념이나, 그리 간단하게 정의할 수 있는 개념은 아닙니다. 저는 이와 같은 어려움을 자각하면서, 오랜 동안 '세켄'을 연구해 왔습니다. 그리고 그 결과물은 몇 권의 저술로 정리되었습니다.

'세켄'이라는 용어는 본래 산스크리트인 '로카'라는 말을 옮겨놓은 것으로, 불교 용어였습니다. 오늘날에는 사람과 사람 사이의 유대를 의미한다고 보고 있습니다. 이 '세켄'은 오랫동안 연구의 대상이 아니었습니다. 그렇지만 이 '세켄'에 나타난 역사의식을 분명히 파악함으로써 일본인이 지닌 역사의식의 실체에 좀더 가까이 접근할 수가 있습니다. 그 결과가 어떠한 내용인지는 이 책을 읽어보시면 잘 알 수 있으리라 생각합니다.

일본인들은 오랫동안 사람과 사람의 일반적인 만남을 거의 모든 일에서 우선해왔습니다. 역사 문제 역시 일상생활 속에서는 거의 의식하지 못했던 것도 사실입니다. 이를 식자층에서는 일본인의 역사의식 결여라고 파악하고 있습니다. 저는 이 책을 통해 일본인이 좀더 역사에 관심을 가졌으며 하는 바람이 있었습니다. 한국에도 일본의 '세켄'과 같은 개념이 있는지 없는지 저로서는 잘 모릅니다. 하지만 일본과 같은 형태는 아니더라도 어떤 형태로든 한국에도 한국 특유의 생활 의식은 있을 것입니다. 이 기회에 한국의 특유한 생활 의식도 분명한 모습으로 자리하기를 바라봅니다.

2005년 4월 19일
아베 긴야(阿部謹也)

■ 차례

한국어판 서문 · 5
들어가는 글 · 11

일본인의 역사의식 결여 / '세켄'(世間)이라는 독특한 생활 형태 / '세켄'이라는 혼네(本音) / 이 책의 방법론 / '세켄'이란 무엇인가 / 이 책의 구성

제1장 고대 지식인과 '세켄' · 25
『만요슈』(万葉集) / 「빈궁문답가」(貧窮問答歌) / 『곤자쿠모노가타리』(今昔物語)와 『겐지모노가타리』(源氏物語) / 『호조키』(方丈記) / 불교 경전 / 신란(親鸞)의 『교교신쇼』(敎行信證) / 『반야심경』(般若心經)

제2장 고대 민중과 '세켄' · 37
소우주와 대우주 / 인과응보의 원리 / 천둥을 잡은 이야기 / 여우를 아내로 맞이한 이야기 / 은혜 갚은 거북이 이야기 / 『반야심경』의 불가사의 / 절의 땔나무를 훔친 스님 이야기 / 도쇼(道照) 법사 이야기 / 이세(伊勢) 행행(行幸)을 중지시킨 이야기 / 호랑이가 된 에우바소쿠(役優婆塞) 이야기 / 은혜 갚은 굴조개 이야기 / 돌을 낳은 여자 이야기 / 생령(生靈)과 원령(怨靈) / 원령 스가와라노 미치자네(菅原道眞) / 혼령 신앙 / '세켄'의 구조 / '세켄' 속 주술의 지배

제3장 주술을 부정한 신란(親鸞) · 61
주술적 사고의 부정 / 정토진종(淨土眞宗)과 민속 / 렌뇨(蓮如)와 정토진종 교단 / 신란의 제자들이 만든 특이한 집단

제4장 '세켄'에서 역사가 차지하는 위치 · 73
'세켄'과 역사 / 신란과 역사 / 「어소식집」(御消息集)

제5장 '세켄'의 세속화 · 83
'세켄'에 연연하지 않는 상인의 탄생 / 『쓰레즈레구사』(徒然草)의 복 많은 부자 / '세켄'은 무상(無常)의 부정 / 사이카쿠(西鶴)의 '세켄' / '세켄'은 신(神) — 『사이카쿠쇼코쿠바나시』(西鶴諸國ばなし) / 포틀래치(potlatch)와 같은 의식(意識) — 『가나조시』(仮名草子) / 사회계약적 의식 — 『신주텐노아미지마』(心中天の網島) / 근대화와 이원적 사회의 형성 / '사회'와 '개인'이라는 번역어 탄생 / 교육칙어 발표 / '세켄'과 관련된 서적의 출판 / 치열하게 살아가는 사람들 / 이와야 사자나미(巖谷小波)의 『세켄가쿠』(世間學)

제6장 서구 근대의 시작 · 107
『기적에 관한 대화』 / 서구의 인간과 동물 / 지상의 질서와 천국 / 탐욕죄 / 교회의 질서가 내세를 보장한다 / 증여 · 상호보답 관계의 전환 — 서구의 경우 / 중세의 우주관 / 『속죄규정서』의 주술 부정 / 고백과 개인의 탄생 / 유럽의 '개인'과 일본의 '개인' / 일본의 자화상에 관한 문제

제7장 일본 근대의 이중 구조—제도와 인간관계 · 131
새로운 제도와 기존 인간관계 / 시마자키 도손(島崎藤村)의 『하카이』(破戒)와 '세켄' / 국가의 달력과 '세켄'의 달력 / 일반 가정 / 성인이란? / '세켄' 속에서 사람 만나기 / 대학의 인사(人事) / '세켄'의 평가 / 소년법 문제 / '세켄' 속의 역사 / 관학(官學) 아카데미즘의 탄생 / 『일본국사 에모노가타리』(日本國史繪物語) / 개인이라는 말에 대한 이해 / 학자들의 일상생활

제8장 서구의 역사의식과 역사학 · 165
근대적 역사학의 성립 / 도쿄 상과대학의 역사학 / 서양사, 일본사, 동양사의 구분 / 서구 역사의식의 문제 / 협회의 탄생 / 하임펠의 역사학 / 작은 바이올린 / 일상생활의 작은 질서 / 유럽 역사학의 투쟁 / 역사적 신화의 형성 / 스메타나

의 「리부셰」 / 사실 탐구와 의미 탐구 / 교과서 문제 / 구미인들에게 역사란 무엇인가 / 카의 『역사란 무엇인가』 / 역사의 방향 감각

제9장 일본인에게 역사란 무엇인가 · 199
요시다 쇼인(吉田松陰)과 덴추구미(天誅組) / 관객으로서 바라보는 역사 / '세켄'에서 일어난 현상에 대한 관심 / '세켄' 체험을 통해 생각한다 / 역사가와 '세켄' / 일본 역사학의 미래 / 역사는 '세켄'과 투쟁하는 자에게만 그 모습을 보여준다 / '세켄'을 역사로 대상화한다

나오는 글 · 217
옮긴이의 말 · 221

■ 들어가는 글

"일본인에게 역사란 무엇인가?"라는 질문에 답하고자 할 때, 우선 사람들이 일상적인 삶 속에서 역사를 어떻게 의식하고 있는가 하는 질문에 먼저 답해야 할 것이다. 이러한 질문은 역사의식의 문제로 생각해볼 수도 있다. 여기서 먼저 역사의식이라는 것이 무엇인지 사전을 통해 살펴보면, 이와나미 출판사(岩波書店)의 『고지엔』(廣辭苑)에는 역사의식이라는 항목이 없다. 쇼가쿠칸(小學館) 출판사의 『일본 국어 대사전』(日本國語大辭典)에 "사회 현상을 시간적 계기(契機)에 따라 파악해 그 추이에 주체적으로 참여하고자 하는 의식"이라고 나와 있다. 일단은 역사의식을 이와 같이 해석해도 좋을 듯싶다.

역사의식에 대한 이러한 정리를 바탕으로, 최근 발생한 사건들을 통해 역사의식의 움직임을 살펴보자. 무엇을 다루든 상관없지만, 최근 신문지상을 뜨겁게 달구고 있는 '납치 문제'를 살펴보자. 일본인 납치 문제는 2002년 9월, 고이즈미(小泉) 일본 총리가 북한을 방문한 이후 새로운 양상으로 전개되면서, 북한에 관한 내용이 납치 문제와 관련하여 자주 보도되었다. 나는 그 보도 내용을 보면서 태평양전쟁 중의 일본 국내 상황을 종종 떠올렸다. 북한의 초등학교 학생들이 김정일을 찬양하며 노래를 부르고 춤을 추는 모습은 우리가 전쟁 때 겪었던 경험을 떠오르게 했다. 북한 군대의 행진 모습을 보여주는 영상물 역시 마찬가지였으며, 무엇보다도 북한과 미국, 북한과 일본의 관계를 다루는 방식도 전쟁 중의 일본과 매우 흡사했다. 전쟁 중 일본은 자국을 신국(神國)이라고 주장하면서 미국이나 서구를 야만스러운 국가들이라며 말살해야 할 대상으로 보았다.

일본인의 역사의식 결여

그런데 일본의 신문이나 TV에서는 북한 주민들은 자유가 없어 김정일을 수장으로 하는 군부의 명령에 따라야만 하는 상황이라며 비판적으로 다루고 있다. 일본도 70여 년 전에는 이와 같은 정치 상황에서 전혀 자유롭지 못했던 시기가 있었다. 나는 당시 초등학생이었는데, 학교에서 선생님은 "너희들은 너희 부모님의 자녀가 아니라 천황의 백성으로서 천황의 명령을 받들어야 한다"고 가르쳤다. 초등학교 5학년 때, 일본이 패전하고 나서 새로 부임해온 선생님들은 우리에게 '데모크라시'라든가 '모라토리엄'에 대해 가르쳐주어, 일본을 엄습했던 신국 사상은 점차 자취를 감추었으나, 일본이 메이지유신(明治維新) 이후 근대화 과정에서 왜 승산도 없는 전쟁에 나섰는지에 대해서는 여전히 충분한 이해를 거치지 못한 채 과제로 남아 있다.

 그 당시 일본과 미국의 재정과 군사력을 비교해보면, 도저히 미국의 전쟁 상대가 되지 못하는데도 불구하고 왜 일본은 전쟁의 길로 들어섰던 것일까? 그 배경을 보면, 여기에는 자국과 상대국의 역량을 정확하게 판단하는 합리적인 사고가 결여되어 있었다. 개전 후 전개될 전쟁의 경과를 미리 예상해보는 전망조차 없었던 것으로 보인다. 이는 역사의식이 결여되어 있었음을 보여주는 것이 아닐까? 그런데 현재 일본의 정치 양상을 살펴보면, 여전히 기본적으로는 예전과 별반 다르지 않은 경향을 보여주고 있다. 모리 요시로(森喜郎) 전 일본 총리의 신국 발언을 보면, 신국 사상은 지금도 여전히 살아 있는 듯하며, 이뿐만 아니라 민주주의라는 사상에 대해서도 형식적인 이해에 머물러 있는 듯하다. 일본에서는 민주주의가 이미 일본에 정착한 것으로 여겨지고 있다. 그러나 민주주의란 무엇인가 하는 원론적인 문제에 대해서 정치가도 학자도 충분한 고찰을 이끌어냈다고는 볼 수 없다.

 신국 사상에 대해서도 원론적으로 접근하여 결론을 이끌어냈다고 볼 수 없으며, 또한 정면으로 이 문제를 다루고 있지 않아, 모리 전 총리처럼 신국 발언이 갑자기 튀어나올 수 있는 여건은 사라지지 않고 있다. 이는 현대사 연구에서 신국 사상이 어떠한 형태로 잔존하고 있는가에 대한 연구를 거의 찾아볼 수 없다는 사실이 상징적으로 보여준다. 중세사 연구에서는 구로다 히데오(黑田日出男)나 아미노 요시히코(網野善彦)의 연구를 통해 중세 사람들의 세계가 하나하나 밝혀지고 있다. 구로다의 최근 연구인 『용이 사는 일본』(龍の棲む日本)은 그 대표적인 예이다.

 구로다는 교키즈(行基圖 : 일본 중세 이전 승려 교키가 그렸다고 하는 일본 최초의 전국 지도 — 옮긴이)라는 사료가 13세기 후반의 몽고 침략을 배경으로 제작되어 남쪽에 나찰(羅刹), 북쪽에 안도(雁道)라는 다른 세계를 그려 당시 사람들의 동아시아 인식을 보여주고 있다고 설명했다. 교키즈의 국토는 불교의 법구(法具)로 예전에는 무기였던 독고(獨鈷)의 모양을 하고 있으며, 그 주위를 용이 감싸고 있다. 이 용은 국토가 위기에 빠졌을 때 모습을 드러내 국토를 지켜주던 신이라고 한다. 내가 초등학교에 다닐 때, 선생님은 일본의 국토가 활 모양을 하고 있으며 그 활에 화살을 메워 미국을 향해 활시위를 당긴다고 가르쳐주었다. 이처럼 전쟁 중의 신국 사상은 중세의 국토관과 깊은 관련이 있었을 것으로 보인다.

중세사 연구가 활기를 띠는 것은 크게 환영할 만한 일이다. 그러나 중세 일본인의 세계관이 현재 어떠한 형태로 잔존하고 있는가 하는 문제에 대해서 중세사 연구자들이 현대사 연구자가 아니라는 이유로 외면해서는 안 된다고 생각한다. 이는 일본 역사가의 역사의식의 문제이며, 역사가들 역시 현대를 살아가고 있는 한, 현대 사회 속에서 자신의 연구에 대한 책임을 져야 하기 때문이다.

'세켄'(世間)이라는 독특한 생활 형태

이와 같이 역사의식 문제를 고찰해가다 보면, 일반 사람들의 역사의식 뿐만 아니라 역사가나 지식인의 역사의식 문제에 대해서도 고찰해보아야 한다는 결론에 이르게 된다. 앞에서 살펴보았듯이, 일본의 사회 현상으로 드러나는 납치 문제에 대한 대응 방법이나 신국 사상의 잔존 문제 역시 단순한 개개인의 문제가 아니라 일본인 전체와 관련된 문제이며 일본인의 생활 속에서 풀어가야 할 문제라는 점이 좀더 분명해진다.

지식인이나 일반 사람들까지도 대상에 포함해 이 문제를 살펴보려면 일본인 전체가 공유하고 있는 생활 형태를 통해 접근해 들어가야 한다. 그래서 내가 착안한 것이 '세켄'(世間)이라는 생활 형태이다. 우리는 모두 '세켄' 속에서 살아가고 있다. 이 '세켄'은 구미(歐美) 지역에는 없는, 일본 특유의 생활 형태이다.

구미 지역에서는 12세기 이후 개인이라는 존재가 탄생하여 오랜 세월을 거치면서 시민사회를 형성해왔다. 일본은 메이지유신 때에 구미의 사상과 기술을 받아들이면서 개인 사상도 함께 받아들였다. 그러나 구미에서 수백 년에 걸쳐 형성된 개인을 한꺼번에 받아들이는 것은 불가능한 일이었다. '소사이어티'(society)라는 말을 '사회'라고 번역한 것은 1877년부터이며, '인디비주얼'(individual)이라는 말을 '개인'으로 번역한 것은 1884년부터였다.

하지만 그때부터 지금까지 일본에서 사용하는 개인이라는 말이 가진 실질적인 내용은 구미에서 사용하는 개인이라는 말과는 크게 다르며, 이 점에 대해서는 이상할 정도로 대부분 잘 모르고 있다. 왜냐하면 일본에는 '세켄'이라는, 사람과 사람을 잇는 유대 관계가 있어 이 '세켄'이 개인을 구속하기 때문이다. 일본인들은 자신의 의견을 적극적으로 표현하는 데에 익숙히지가 않다. 특히 전체 의견과 다른 자신의 의견을 표현하는 데에는 소극적이다. 왜냐하면 '세켄' 속에서는 눈에 띄지 않게 말과 행동을 하는 것이 중요하여 조심스럽고 겸손한 태도를 보여주어야 하기 때문이다. 복장이나 태도를 '세켄'에 맞추어야 한다. 말로 개성 있는 삶을 표현하더라도 현실에서는 빈축을 사고 만다. 주위와 맞추어 살아가는 삶의 방식을 요구하고 있는 것이다.

'세켄'에는 회칙도 없고 정관도 없지만 어른이 되면서 자연스럽게 '세켄' 속에 들어가 살고 있는 자신을 발견한다. 회사나 관공서, 대학의 학부, 취미 활동, 동아리나 동창회, 모두 '세켄'을 이루고 있다. 이 '세켄'은 일본인 한 사람 한 사람의 행동을 구속하며, 일본인은 자신이 한 행동의 결과로 '세켄'에서 배제를 당하지나 않을까 두려워하며 살고 있다. 회사나 관공서에서 불상사가 일어났을 때, "'세켄'에 소란을 피워 죄송합니다"라고 사죄하는 경우가 있다. 개인에게 불상사가 있는 경우에는 이 말 앞에 "내겐 죄가 없다"는 말을 먼저 하는 경우가 많다.

이 '세켄'이라는 말을 구미 언어로 옮기는 일은 불가능에 가깝다. 구미에서는 자신에게 죄가 없다고 밝히면 이는 그 일에 대해 모두가 이해해줄 때까지 싸우겠다는 의미이다. 그런데 일본에서는 자신은 죄가 없다고 하면서도 사죄를 하는 것이다. 이 말은 논리적으로 구미 언어로 옮길 수가 없는 것이다. 이 말은 일본인이라면 누구나 쉽게 이해할 것이다. 그러나 구미 사람들은 전혀 이해하지 못한다. 일본인은 누구나 이해하는데 구미 사람들은 전혀 이해하지 못하는 이유는 일본인은 '세켄'에 대해 알고 있지만 구미 사람은 '세켄'에 대해 모르기 때문이다. 이 경우 '세켄'이란 비교적 좁은 범위의 인간관계로, 자신이 부당하게 의심을 받고 있는 일로 인해서 자신과 관계가 깊은 사람들에게 폐를 끼친 점을 우선 사과하는 것이다.

자신의 잘못을 인정하기 전에 먼저 '세켄'에 사죄하는 것인데, '세켄'에 살고 있는 사람들은 자기 자신보다도 '세켄'을 중히 여기며 행동하는 것이다. 일본의 범죄와 관련된 백서를 살펴보면, 강도살인의 원인으로 빚 문제에 따른 범행이 많다. 빚 문제로 인해 '세켄'에 빚을 지었다는 상황을 견디지 못하는 것이다. 강도살인을 저지르는 것은 사리에 어긋나는 일이지만, 여기에는 이런 '세켄'이라는 굴레가 있다. 이 점을 통해 알 수 있듯이, '세켄'은 사회라기보다는 비교적 좁은 범위의 인간관계라고 할 수 있다. '세켄' 속에서 살아가는 사람들은 항상 '세켄'에 시선을 두고 있다.

'세켄' 속에서 살아가는 사람들의 행동 원리는 세 가지 원칙을 따른다. 즉, 증여·상호보답 원칙과 장유(長幼)의 질서, 공통된 시간 의식이다. 일상생활 속에서 누군가에게 대접을 받으면, 언젠가 나도 대접을 해야 하는 관계를 자연스럽게 맺고 있다. 이와 같은 상호보답 관계는 인간 사이뿐만 아니라 인간과 자연계, 동식물 세계와도 맺고 있다. 장유의 질서에 대해서는 더 이상의 설명이 필요 없을 것이다. 윗사람을 공경하는 의미에서 이 말을 쓰고 있으나, 실제로는 윗사람이 아랫사람을 가벼이 보는 경우도 있고 연장자가 거만하게 구는 경우도 있다. 이것 역시 장유의 질서가 가진 다른 얼굴이라고 할 수 있다. 공통된 시간 의식이란, '세켄' 속에서 살아가는 사람들은 모두 같은 시간 속에서 살고 있다고 믿는 것이다. 일상적인 인사로 "앞으로도 잘 부탁드립니다" 그리고 "지난번엔 고마웠습니다"라고 인사하는 것은 공통된 시간 속에서 살아가고 있다고 여기기 때문이다. 구미 사람들은 한 사람 한 사람이 제각각 자신의 시간을 살고 있다. 따라서 구미 언어에는 이러한 인사말이 없다.

'세켄'이라는 혼네(本音)

이와 같은 '세켄'에 대해서 지금까지 연구를 해온 사람은 나밖에 없다. 어째서 이처럼 중요한 개념에 대해 연구가 이루어지지 않았는가 하는 흥미로운 문제도 있지만, 여기에서는 이 '세켄' 속에서 살아가는 방법에 대해 살펴보고자 한다.

'세켄' 속에서 살아가기 위해서는 무엇보다도 우선 앞에서 말한 세 가지 원칙을 지켜야만 한다. 그리고 나아가 '세켄'은 사회의 현 질서를 전제로 하고 있으므로 현 질서에 따라 살아가야 한다. 예를 들면, 서로 각자가 차지하고 있는 지위에 상응하는 예의범절을 지키며 함께 어울려 사는 것이다. 항상 협조적인 자세를 보이며 극단적이고 감정적인 행동은 삼가야 한다. 의견 표명을 해야 하는 상황이 닥쳤을 때에는 가능한 한 대세에 따른 의견을 표명해야 한다. 혼자만 돌출 의견을 표명해서는 안 되는 것이다. 특히 장례식에는 반드시 참석하고 일도 열심히 하고 있다는 평판을 얻어야 한다. 그러나 일과 연회 자리는 분명하게 구별해 연회 자리에서는 가끔 술에 잔뜩 취한 모습을 보일 필요도 있다. 자신에 대해서는 말을 많이 하지 말고 겸손하다는 평판을 얻어야 한다. 특별 수입이 생겼을 때에는 가능한 한 많은 사람들과 나누며, 저서를 출판했을 때에는 많은 사람들에게 책을 나눠주어야 한다.

남의 험담은 하지 않으며, 다른 사람을 칭찬할 때에는 말을 아끼지 말아야 한다. 신불(神佛)에 대해서는 경건한 태도를 유지해 신사불각(神社佛閣)에서도 경건한 태도를 보여야 한다. 그러나 한 종교에 심취해서는 안 된다. 한 가지 사상에 자신을 걸어서는 안 된다. 적절한 거리를 유지해야 한다. 때로 자신이 옳다고 여기는 것을 위해서 대세와는 다른 행동을 취하려는 자가 있지만, 그런 사람은 그 행동 때문에 '세켄'에서 밀려나는 것을 각오해야 한다.

정리하자면, '세켄' 속에서 살아가는 사람은 '세켄' 사람들에게만 시선을 둔 채 살아가는 것이다. 스스로 '세켄' 외에는 어느 것에도 관심을 두지 않는다. 그러나 사람이 살아가는 동안에는 여러 가지 일이 일어난다. 전쟁이나 재해, 병이나 사고 따위가 일어났을 때, '세켄' 사람들은 어떻게 대처할까? 전쟁이나 재해, 병이나 사고는 '세켄' 속에서 항상 일상적으로 일어나는 현상은 아니다. '세켄' 속에서 살아가는 사람들은 이와 같은 현상을 '세켄' 밖에서 '세켄' 속 사람들을 갑자기 습격해오는 돌발적인 사태로 간주한다. 따라서 일상생활을 하면서 이와 같은 돌발적인 사태에 대한 준비를 항상 하고 있는 것은 아니다.

이러한 '세켄' 구조 아래에서 "역사는 과연 어떠한 의미를 갖는가?" 하는 점을 좀더 명확하게 밝히는 것이 이 책의 과제이다. 역사 역시 이와 같은 돌발적인 사건과 마찬가지로 '세켄' 밖에 있어, 늘 '세켄' 속에서 그 자리를 보유하는 것은 아니다. 그러한 의미에서 '세켄'은 그 속에 시간이 존재하지만 '세켄' 그 자체는 언제나 변함없이 시간을 초월해 있는 것이다.

메이지(明治) 시대 이후 일본은 구미를 모델로 하여 근대화의 길을 걸어왔다. 당시 근대화는 먼저 행정부와 그 주변 기관에서 시작되어 대장성(大藏省)을 비롯한 각 성청(省廳)의 설치, 육·해군의 창설, 학교 교육의 정비로 이어졌다. 그러나 그다지 주목을 끌지는 못했으나 이 근대화 계획에는 근대화할 수 없는 부분이 존재하고 있었다. 바로 인간관계이다. 부모 자식 간의 주종 관계나 천황과 국민 간의 관계는 근대화를 할 수 없었다. 그 결과 근대화한 각 성청 안에 근대화하지 못한 인간관계가 여전히 남게 되었다. 이는 군대도 마찬가지였고 학교도 마찬가지였다. 이 인간관계는 '세켄'이라는 오랜 굴레로 상징되는데, 이미 앞에서 서술한 바와 같은 특징을 가진 '세켄'은 근대화의 주변에 여전히 살아 있는 것이다. 이를 봉건유제(封建遺制)라 부르는 사람도 있는데, 이는 결코 유제(遺制)가 아니라 메이지 시대 이후 재편성 과정을 거치면서 근대화를 돕는 역할을 한 것으로 볼 수 있다.

근대화는 일본에게 나라 전체의 운명을 건 대규모 사업이었기에 모든 노력을 기울였다. 근대화가 가진 의미를 이해하지 못하는 사람들의 협력도 얻어야만 했다. 이때 '세켄'은 커다란 힘을 발휘하여 근대화에 대한 협력 체제를 이끌어냈다. 이처럼 모두가 근대화를 향해 나아가는 가운데 근대화는 다테마에(建前: 표면적 방침)이고 '세켄'은 그 혼네(本音: 본심)였지만, '세켄'은 직접적으로 거론되지 않고 논의에서 멀어진다. 지금도 '세켄'은 모습을 드러내지 않은 채 혼네로서 여전히 살아 숨쉬고 있다.

이처럼 오늘날에도 일본에는 근대적인 제도 속에 '세켄'이 계속 그 구실을 다하고 있어, 최근 외무성(外務省)이나 금융기관, 법무성(法務省)에서 일어나는 불미스러운 일들의 원인이 되고 있다. 이 책에서는 이 '세켄'을 역사적으로 분석해보면서 일본인의 역사의식 문제에 초점을 두고 살펴보고자 한다.

이 책의 방법론

지금까지 일본인의 역사의식에 대해 다룬 서적들 대부분은 이런저런 문서를 근거로 하여 지식인의 역사의식을 다룬 것이 대부분이다. 현재 일어나고 있는 다양한 문제를 보더라도, 지식인의 역사의식뿐만 아니라 일반 서민의 역사의식이 커다란 역할을 하고 있다는 사실은 더 분명하게 드러나고 있다. 야스쿠니 신사(靖國神社) 참배 문제, 천황제 문제는 모두 일반 서민의 의견을 무시하고는 거론할 수가 없다. 그러나 현재 이와 같은 문제를 거론하는 사람들은 대부분 지식인이나 정치가의 처신에 대해 거론하고, 서민의 의견에 대해 언급하는 사람은 소수에 그치고 있다.

　일본인의 역사의식을 논할 때에 지식인과 서민의 역사의식을 각각 따로 논한다는 것은 의미 없는 일이다. 그러면 어떻게 해야 할까? 이에 나는 일본인 전체와 관련이 있는 단면을 통해 살펴보고자 한다. 그것이 바로 '세켄'이다. '세켄'은 일본인 전체가 깊이 관련되어 있는 인간관계의 틀이며, 지식인이건 서민이건 구별 없이 일본인이라면 모두 '세켄' 속에서 살아가고 있다. 따라서 '세켄'의 역사의식을 분석함으로써, 일본인 전체의 역사의식을 분석할 수 있으리라고 생각한다. 이 '세켄'은 정체를 숨기고 있다. 메이지 시대 이후 근대화 정책이 진행되는 가운데 기존의 인간관계를 실질적으로 유지하면서 근대화를 진행하였으므로, 근대화의 그늘에 가려진 '세켄'은 몸을 숨긴 채 계속 작용해왔다. 그래서 지금도 '세켄'이라는 말은 일상 대화 속에서, 또는 소설 속에서만 사용될 뿐, 공문서에서는 사용되지 않고 있다.

'세켄'이란 무엇인가

'세켄'을 어떻게 정의하느냐는 매우 큰 문제이다. 그래서 현재 사용하는 이 용어의 의미와 역사적으로 이 용어를 사용해온 경위, 이 두 가지 관점에서 살펴보고자 한다. 현재 사용하는 '세켄'이라는 용어가 가진 의미는 대체로 다음과 같은 의미로 보아도 좋을 듯하다. '세켄'이란 인간을 둘러싼 인간관계의 틀이며, 현재와 과거에 왕래를 하는 그리고 했던 모든 사람들, 앞으로 왕래를 하게 될 사람까지 포함한다. 여기에는 원칙적으로 일본인만을 포함하며 다른 나라 사람은 포함하지 않는다. '세켄'에는 증여·상호보답의 원칙이 있으며, 장유(長幼)의 질서, 그리고 공통된 시간 의식이라는 특징도 있다는 점을 앞에서 언급했다. 증여·상호보답 원칙이란, 예를 들면 백중날이나 연말, 그 밖에 폐를 끼치게 되었을 때 상대방에게 예의로 보내는 선물에서 찾아볼 수 있는 것으로, 일본인이 보이는 행동 원칙 가운데 하나이다. 공통된 시간 의식이란, "지난번엔 고마웠습니다" "앞으로도 잘 부탁드립니다"와 같은 인사말에서 볼 수 있듯이 상대방과 같은 시간 속에서 살고 있다는 점을 전제로 하는 관계 표현으로, 구미 지역 사람들은 사용하지 않는 인사말이며 일본인 고유의 표현이다. '세켄'은 일본에만 있는 것이기 때문이다. 이 밖에 '세켄'은 살아 있는 자뿐만 아니라 죽은 자도 포함하고 있다는 점을 잊지 말아야 한다. 게다가 '세켄'은 독립된 서구적인 개인을 주체로 하는 관계가 아니라 주술적인 관계를 포함하고 있어, 인간 한 사람 한 사람이 '세켄' 속에서 전체와 밀접한 관계를 맺으며 살고 있다. 이러한 점은 이미 역사적인 관계이므로 별도로 논해보아야 한다.

이 책의 구성

일본인이라면 누구나 이와 같은 '세켄' 속에서 살고 있을 것이다. 그럼, 이어서 이 '세켄'이라고 하는 용어가 어떠한 역사적 경과를 거치면서 생겨났는지 살펴보기로 하자. '세켄'이라는 용어는 산스크리트의 로카(loka)를 옮겨 적은 말로, '부서지고 부정(否定)되어가는 것'이라는 의미이다. 살아 있는 생명체가 가진 유정(有情) 세켄과 살아 있는 생명체가 깃드는 기(器) 세켄으로 구분되며, 이 두 가지를 구성하는 요소를 오온(五蘊) 세켄이라고 규정하고 있다. 먼저, 이 용어가 일본에 어떻게 전해지게 되었는지를 문학 작품과 경전(經典)을 통해 살펴보고자 한다(제1장). 다음으로 이 '세켄'이 서민들 사이에서 어떤 관련을 가지면서 의식화되었는지를 『일본영이기』(日本靈異記) 분석을 통해 밝히고자 한다(제2장). 여기에는 '세켄' 사람들이 동식물이나 천체(天體)와 증여·상호보답 관계를 맺고 있으며, 주술이 '세켄' 구석구석까지 스며들어 있다. 이렇게 '세켄' 사람들은 자연과 깊은 관계를 맺으면서 살아갔던 것이다. 그리고 뒤에 신란(親鸞)은 '세켄'의 주술적인 성격을 부정하는 단계로까지 교의(敎義)를 발전시켜 갔다(제3장). 신란의 출현으로 '세켄'이 이론적으로 해체된 듯 보이지만, 렌뇨(蓮如)와 같은 인물들의 출현으로 새롭게 유지되어 오늘날에 이르고 있다. 그 후 '세켄'은 세속화해 근대에도 여전히 살아 움직였다(제5장). 지금도 사람들은 '세켄' 속에서 살고 있으며 그 안의 인간관계에 휘둘리면서 살고 있다. 그 때문에 역사는 '세켄' 밖에서 연출되는 드라마로서 어느 날 갑자기 '세켄'에 영향을 주기도 하지만, 보통은 '세켄' 밖에서 사람들의 생활과 관계없는 사건으로 이해되는 경향이 있다(제4장).

이 '세켄'의 주술적 성격과 대비하기 위해 서구 중세의 『기적에 관한 대화』를 다루어볼 것이다. 이 자료는 『일본영이기』가 불교를 서민에게 전하기 위해 편찬되었듯이, 기독교를 서민에게 전하기 위해 편찬된 설화집이다. 이 자료와 「속죄규정서」(贖罪規定書)가 편찬되면서 서구 사회에서 이미 12~13세기에 주술이 해체되어 근대적 합리주의가 성립하는 기반을 형성하였음을 밝히고자 한다(제6장). 메이지 시대에 서구 근대 사회에서 공부한 이와야 사자나미(巖谷小波)는 서구 사회를 '세켄'의 향후 모습으로 파악하여 개인을 중심으로 한 사회를 생각했다. 반면 서구 사회를 모델로 하면서도 개인의 존엄을 인정하지 않았던 것이 바로 메이지 정부가 내린 교육칙어(敎育勅語)이며, 메이지 정부는 일본 사회에서 '세켄'을 보존하면서 근대화를 이루고자 했다(제7장). 서구에서는 사회의 주술적 성격을 해소하면서 근대화를 이루고자 했으므로 이는 역사학에도 결정적인 영향을 주었다(제8장). 메이지 시대 이래 일본의 역사학과 서구 역사학의 차이를 분명하게 밝히고, 향후 과제로 '세켄' 속에서 어떻게 역사를 파악할 수 있을지를 고찰하고자 한다(제9장).

제1장

고대 지식인과 '세켄'

『만요슈』(万葉集)

『만요슈』에는 "지극하신 대성주님 역시 아이를 사랑하시는 마음이 있을진대, 하물며 세켄(世間) 백성이 어느 아이인들 사랑하지 않으랴"(『万葉集 1』岩波新日本古典文學大系, 佐竹昭廣 외 校注, 5-802) "이 세상의 무상함을 아니 차가운 가을 바람이 그립구나"(3-465), "세상이 허무하다며 비추던 달마저 찼다가는 기우누나"(3-442) 하는 구절이 있다. 이 구절들은 세켄의 무상함을 노래하고 있다. 또한 "세상사 덧없음을 알게 되니 더욱 슬퍼지는구나"(5-793) 하는 구절은 세켄을 공허한 것으로 표현하고 있으며, 이 사상은 이후 상당히 오랫동안 세켄이라는 용어와 함께 붙어 다녔다.

『만요슈』에는 이 밖에 "세켄에 머물기 어려움을 슬픈 노래 한 수에 담아 보노라" 하는 구절이 있다.

모이기 쉽고 쫓기 어려운 것은 팔대지옥(八代地獄)의 신고(辛苦). 이루기 어렵고 다하기 쉬운 것은 백년(百年)의 상락(賞樂)이라. 옛 사람의 탄식이 지금 다시 이에 미치노라. 까닭에 여기 노래 하나를 지어 이로써 이모(二毛)의 탄식을 없애고자 하노라. 그 노래는 이렇다.

세상의 어쩔 수 없는 일은 세월이 흐르는 것 같고, 갖가지 일들이 끝없이 내 뒤를 바짝 쫓아오는구나. 소녀들이 소녀다운 가라다마(韓玉)를 손에 두르고, 혹자 "하얀 천의 후리소데(振り袖 : 소매가 긴 기모노 ― 옮긴이) 대신하여 주홍색의 붉은 치맛자락 끈다"고 하니. 어린아이들과 손을 잡고 놀았겠지. 한창 시절 지나가 버리니, 굽은 창자 거무스름한 머리에 어느새 하얀 서리 내리겠지. 주홍색, "홍조빛으로 빛나는" 얼굴 위 어느새 주름이 찾아오니, 이르길 "미소지어 눈썹 그리니 피어나는 꽃의 빛이 바래버렸구나. 세상은 이와 같을진대." 대장부가 대장부답게 도검(刀劍) 허리에 차고 활을 손에 쥐어들고 붉은 말에 시즈(倭文 : 고대 일본의 직물. 직물의 씨실을 파랑이나 빨강으로 물들여 다양한 변화를 주어 짠 것 ― 옮긴이) 문양의 안장을 얹고 뛰어 올라타고는 내달린다. 세상이야 늘 변함없구나. 소녀들이 잠든 방 방문을 밀고 들어가 더듬더듬 다가가서 진정 아름다운 손 아름다운 손길 나누며 함께한 밤이 몇 날도 아니 되었거늘, 손에 쥔 지팡이 허리에 부여잡고 저기 가니 사람들이 싫어하고 이리로 가니 사람들에게 미움받아 나이 들어 늙은 남자는 이런 처지일 뿐. 삶이 아쉽다 하나 어찌할 도리가 없구나.(『万葉集 1』 5-804)

소녀도 젊은이도 금방 나이가 들며 나이가 들면 비참해진다는 탄식을 노래하고 있다. 세상이란 다 그런 것이라고 한다.

「빈궁문답가」(貧窮問答歌)

『만요슈』에는 잘 알려진 노래가 또 하나 있다. 바로 「빈궁문답가」이다.

> 바람 불며 비 내리는 밤, 비 내리며 눈 내리는 밤은 너무나 추워서, 딱딱한 소금을 조금씩 녹여 먹으며 따뜻하게 데운 술지게미 마시며 기침하며 콧물 훌쩍훌쩍, 그렇다고 없는 수염 긁적이며 나 빼고 제대로 된 사람 없다고 뽐내어도, 너무 추워 삼베 이불 끌어 덮고 가타기누(肩衣 : 소매가 없는 옷 ― 옮긴이) 있는 것 모두 꺼내 껴입어도 추운 밤인데, 나보다 가난한 사람의 부모는 굶주려 얼어죽겠구나. 처자식들은 먹을 것 달라 보채며 울겠구나. 이럴 때 어찌할 것인가 그대의 세상 살기. 천지(天地)는 넓다 하나 내게는 좁고, 일월(日月)은 밝다 하나 내게는 비추질 않는구나. 모두가 그런 것인가, 나만 그런 것인가. 어쩌다 사람으로 태어나 살고 있는데 다른 사람처럼 나도 될 수 있는데. 솜도 넣지 않은 가타기누, 청각채처럼 찢어져 너덜너덜한 누더기만 어깨에 걸치고 좁고 초라한 집 안 땅바닥에 짚을 깔고 부모는 베개 쪽에 처자식들은 다리 쪽에 둘러앉아 슬픔, 한숨·아궁이에는 불씨조차 일지 않고 시루에는 거미가 집을 지어 밥짓는 일조차 잊고 호랑지빠귀 소리 힘을 잃고 신음할 때, 설상가상, 매를 든 촌장님의 목소리는 침실까지 들려온다. 이 정도로 안타깝고, 괴로운 것이던가, 세상의 이치가. (『万葉集 1』 5-892)

이 앞에서 살펴본 노래가 젊은이들이 눈 깜짝할 사이에 나이 들어가는 세상의 변화를 노래한 것이라면, 이 노래는 가난한 생활의 고충을 노래했다. 지금과 같은 세상에 이러한 처지에 처한 사람은 없을 것이라고 여기는 사람이 있을지도 모르겠다. 그러나 지금도 상당수 샐러리맨들은 노숙자가 되기 일보 직전의 생활을 꾸려가고 있다. 이 노래는 참으로 오래전 상황을 노래한 것이지만, 지금도 그다지 달라진 것 없이 생활하는 사람이 있다는 사실을 잊지 말아야 하겠다. 여기서는 세상의 빈곤을 주제로 삼고 있다.

『곤자쿠모노가타리』(今昔物語)와 『겐지모노가타리』(源氏物語)

『곤자쿠모노가타리』에는 권5-11에 있는 5백 명의 왕자 이야기에 '세켄'이 등장한다. "천축국의 왕이 5백 명의 왕자들을 앞세워 행렬을 하고 있을 때, 비구니 한 명이 그 앞에서 거문고를 탔다. 그 거문고 소리를 들은 왕자들은 생사(生死)의 무상함을 깨닫고 세켄의 향락을 버리고 모두 출가했다"(『今昔物語 1』, 岩波新日本古典文學大系, 5-11)고 한다. 여기에서도 세켄의 즐거움이란 공허한 것이라고 말하고 있다. 현세를 부정하는 사상이 나타나 있는 것이다. 『겐지모노가타리』에서도 이 용어를 자주 사용하는데, 와카무라사키(若紫) 편에 "세상의 덧없음도 애잔하여, 어쩔 줄 몰라 하는 사람 어찌 될 것인가"라고 나와 있으며, "떠오른 달 20일 정도 허무하다 싶게 바라보니, 세켄의 도리라지만 서글픈 생각이 든다"고 하여, 애잔함과 허무함을 세켄의 성향으로 제시했다.

『호조키』(方丈記)

『호조키』에는 잘 알려져 있듯이 머리글에 세켄을 물의 흐름으로 표현한 내용이 있다.

> 흘러가는 강물의 흐름은 끝이 없고, 게다가 본래 그 물이 아니다. 웅덩이에 떠오른 물거품은 사라졌다가 다시 이어져 오랫동안 머문 예가 없다. 세상 사람이나 거처하는 집 또한 이와 같다. 옥을 깔아놓은 듯 아름다운 도성에 집들을 짓고 기와지붕을 다투어 높이 올린 천박한 사람의 거처는 세대를 거쳐 사용하지 못할 물건이건만. 정말 그러하냐고 묻는다면, 옛날 있던 집 이젠 드물다. 혹은 지난해 불타 올해 지었거나, 혹은 대갓집이 망해 옹색한 집이 되었다. 집에 사는 사람도 이와 마찬가지이다. 장소도 그대로 이고 사람도 많지만, 예부터 알던 사람은 2,30명 중 불과 한두 사람이다. 아침에 죽는 자 있고 저녁에 태어나는 자 있어 물거품과도 닮았다. 모르는 사이 태어나고 죽는 사람, 어디에선가 왔다가 어디론가 사라져간다. 또한 모르는 사이, 임시 거처에 누구를 위해 마음을 쓰고 무엇으로 인해 눈이 기뻐한다. 그 주인이라고 무상함을 다투는 지경이 말하자면 나팔꽃의 이슬과 다르지 않으나 이슬은 떨어져도 꽃은 남는다. 남는다 하여도 아침 햇살에 말라버리니 꽃봉오리 맺어 이슬 또한 사라지지 않고, 사라지지 않는다 하여도 저녁을 기다리지는 못한다.

여기서는 세상이 물의 흐름에 비유되고 있다. 사람은 흐르는 물에 떠오르는 물거품과 같은 존재로, 집도 도성도 물거품으로 서술하고 있다. 세상에 태어나 죽는 사람이 어디서 와서 어디로 가는지도 모른다. 세상이라는 틀은 흐르는 강과 같은 것으로, 강의 흐름이 변하는 일은 고려되지 않고 있다. 이 글의 후반부에는 대형 화재, 태풍, 천도, 기아, 지진에 관한 묘사가 나와 있는데, 이러한 현상은 모두 세상의 불가사의이며 세상 밖에서 세켄을 습격해오는 것들로 묘사했다. 기아도 지진이나 태풍과 마찬가지로 세상의 불가사의로 묘사되었으며, 이러한 때에 불상과 같은 귀중품을 훔치는 무리들이 등장한 것을 혼탁하고 악한 세상(濁惡世)의 출현이라고 보았다. 이는 『법화경』(法華經)의 방편품(方便品)에 있는 말로, 말세에 이른 세상을 의미한다.

불교 경전

앞에서 살펴보았듯이 문학 작품 속에 표현된 '세켄'은 세상의 무상함을 설명하고 있는데, 이러한 사상이 나타난 배경에는 두말할 필요도 없이 불교의 경전(經典)이 있다. 일본에 전해진 경전 가운데 '세켄'에 대해 언급한 것으로 우선 쇼토쿠 태자(聖德太子)가 저술한 '삼경의소'(三經義疏) 중 하나인 『승만경의소』(勝鬘經義疏)가 있다. 이 경전의 일승장(一乘章) 제5에 다음과 같은 글이 있다.

> 세존(世尊)이여. 모든 종자는 대지(大地)를 기반으로 생장할 수 있듯이, 성문(聲聞)이나 연각(緣覺), 세켄이나 출세켄의 모든 선법(善法)은 대승(大乘)을 기

반으로 하여 증대해갈 수 있는 것입니다"(世尊. 又一切種子, 皆處於地, 而得生長. 如是一切聲聞·緣覺·世間·出世間善法, 依於大乘, 而得增長.)

쇼토쿠 태자는 이 글에서 다음과 같은 주(注)를 달았다. "'세켄'이란 인천(人天)을 말하고, '출세켄'(出世間)이란 칠지이환(七地以還)의 대승(大乘)을 말한다. 그런데 단지 칠지이환에 대해 일치하고자 행하는 까닭은 예전에 칠지이환의 대승은 수행의 세 번째 계제(階梯) 속에 들어 있다. 그러므로 즉, 일치를 행하는 것이다".

주석에 따르면, 여기에서 말하는 '세켄'이란 사람들과 하늘의 신들을 가리키며, '출세켄'이란 칠지(七地) 이하 대승(의 보살)을 가리킨다. 칠지란 대승 보살의 수행 계제로, 범부위(凡夫位)에서 시작된 성위(聖位)를 열 가지로 나눈 가운데 일곱 번째인 원행지(遠行地)를 말한다. 쇼토쿠 태자는 승만(勝鬘)을 칠지의 보살로 간주했던 것이다. 세켄은 출세켄과 대비해 성자의 위치에 도달하지 못한 범부(凡夫)를 가리킨다.

신란(親鸞)의 『교교신쇼』(敎行信證)

신란(親鸞 : 1173~1262)은 『교교신쇼』(敎行信證) 행권(行卷)에서 다음과 같이 서술했다.

세켄도(世間道)를 벗어나 출세상도(出世上道)로 들어가는 것이다. 세켄도를 즉 범부소행(凡夫所行)의 도(道)라고 부른다. 다시 이를 휴식(休息)이라 부른다. 범부도는 수행을 통한 마지막 단계에 열반(涅槃)에 들지 못하고 늘 생사를 오간다. 이를 범불도(凡不道)라 부른다. 출세켄(出世間)은 이러한 도(道)에 따라서 삼계(三界)를 벗어날 수 있으므로, 출세켄도(出世間道)라고 부른다.

여기에서는 세켄의 도란 어리석은 사람이 행하는 도라 하고 휴식이라고도 부르고 있다. 어리석은 사람은 결국 석가모니의 깨달음에 도달하지 못하여 늘 생과 사를 오가고 있으므로, 이를 어리석은 사람의 도라고 한 것이다. 출세켄이란 이러한 도를 통해 혼돈의 세계를 벗어날 수 있으므로, '출세켄 상도(上道)'라고 부른다. 세켄이나 출세켄이라는 용어는 쇼토쿠 태자 시대에서 오랜 시간이 흐른 신란의 시대에서도 기본적으로 크게 변한 것이 없다.

마찬가지로 『교교신쇼』 신권(信卷)에는 "암(闇)은 곧 세켄을 의미하며, 명(明)은 곧 출세(出世)를 의미한다. 암(闇)은 곧 무명(無明)이며, 명(明)은 곧 지명(智明)"이라고 나와 있으며, 이는 『열반경』(涅槃經)을 인용한 것이다. 여기에서도 세켄은 혼돈의 세계로 규정되고 있다. 산스크리트의 로카(loka)는 이미 언급하였듯이 '부서지고 부정(否定)되어가는 것'을 가리킨다. 어느 불전(佛典)을 찾아보아도 세켄이라는 말은 부정되어야 할 대상이라는 의미이다.

『반야심경』(般若心經)

이처럼 세켄은 근본적으로 불교의 가르침과 관련이 있는 중요한 용어이다. 여러 경전의 기초라고 할 수 있는 『반야심경』의 원전은 이미 스이코 천황(推古天皇 : 554~628, 재위 592~628) 17년에 일본에 전해져 호류지(法隆寺)에 세계에서 유일하게 한 점이 남아 있는데, 그 가르침은 제법실상(諸法實相)이라 하여 이 세계에 존재하는 것의 특성이란 실체가 없다는 것으로, 이 세계에 존재하는 것에는 생겨나고 줄고 더러워지고 깨끗해지고 수나 양이 늘거나 줄거나 하는 성질은 본래 없다고 한다. 또한 수행하면서 목표로 삼는 깨달음도, 수행에 따라 벗어나야 할 번뇌도 본래 존재하지 않으며 늙는다거나 죽는다거나 하는 관념도 허상에 불과하다고 한다. 또한 고통의 실체도 없다고 한다.

이와 같은 가르침을 이해하고 마음의 안정을 얻는 것을 반야바라밀다(般若波羅蜜多)라고 하며 지혜의 완성이라고 한다. 이 반야바라밀다라는 부처님의 말씀을 입으로 전승(傳承)하는 자는 모든 고뇌와 위험으로부터 해방된다고 하여, 경전을 베끼는 수많은 작업이 진행되었다. 또한 에도 시대(江戶時代 : 1603~1867)에는 『회심경』(繪心經)이라는 그림책을 만들어, 글을 못 읽는 사람도 입으로 전승할 수 있었다. 색즉시공(色卽是空)이라는 말도 알려져 인간 삶의 본질을 설명한 이 경전이 일반 서민들도 입으로 전승할 수 있게 되면서, 사람들 일상생활의 장을 표현하는 말로 자리잡게 된 것은 참으로 놀랄 만한 일이다.

그런데, 지금도 생활 속에서 인간관계를 표현할 때 사용하는 '세켄'

이라는 말에는 이 말이 가진 역사가 직접적으로는 반영되어 있지 않다. 이 말의 역사를 모른 채, 그저 이 말을 사용하고 있을 뿐이다. '세켄'이라는 말이 역사 속에서 어떠한 과정을 거치면서 오늘에 이르게 되었는가 하는 점에 대해서는 본문에서 논의해가고자 한다.

제2장
고대 민중과 '세켄'

제1장에서 다루어 본 문학 작품을 통해 귀족층, 다시 말해 고대 지식인의 '세켄' 의식에 대해 살펴보았다. 또한 경전을 통해서는 불교의 '세켄' 개념이 일본에서 어떻게 자리잡아왔는지를 알아보았다. 이제 다음으로 서민의 '세켄' 개념에 대해 살펴보고자 한다. 이를 위해서『일본영이기』(日本靈異記)를 자료로 다루어보려고 한다.『일본영이기』에는 서민들이 받아들이고 싶어하던 불교 신앙뿐만 아니라 나아가 오랫동안 함께해온 민속도 기록되어 있기 때문이다.

먼저,『일본영이기』에 나타난 '세켄'의 구조에 대해서 개관하고자 한다. 이 책은 야쿠시지(藥師寺) 승려인 교카이(景戒)가 5세기 후반에서 8세기 말까지, 유랴쿠 천황(雄略天皇)에서 사가 천황(嵯峨天皇)에 이르는 시대에 회자되던 설화 116가지를 모은 것이다. 설화의 분포는 동쪽으로 무쓰(陸奧 : 일본 농북지방 ― 옮긴이)·가즈사〔上總 : 일본 지바현(千葉縣) 지역 ― 옮긴이〕에서 서쪽으로 히젠〔肥前 : 일본 규슈(九州) 지역 ― 옮긴이〕·히고(肥後 : 일본 규슈 지역 ― 옮긴이) 지역까지 이른다. 이 설화는 불교 신앙을 전할 목적으로 구성되었는데, 여기에 '세켄'의 모습이 잘 묘사되어 있다.『일본영이기』에는 천황에서 황족·귀족, 군지(郡司 :

율령시대의 지방관 — 옮긴이), 이 밖에 이름 모를 수많은 인물이 등장한다. 전반적으로 등장인물은 승려가 많은데, 그들은 민중의 생활과 깊은 관련이 있었으며 그 중에서도 사도승(私度僧 : 일본 고대에 관청의 허가 없이 득도하여 승려가 된 사람 — 옮긴이)은 활발한 활약을 보여주는 존재였다.

소우주와 대우주

나는 『일본영이기』에 묘사된 '세켄'의 구조를 하나의 우주로 파악하고 싶다. 유럽 중세의 소우주가 집과 채소밭을 중심으로 하는 공간적 구조였다면, 『일본영이기』의 소우주는 인간을 중심으로 하는 시간적 관계를 핵으로 삼는다. 동식물은 그들 자체의 세계가 있으면서도 인간 세계와 긴밀한 접촉을 유지하고 있다. 모든 사물에는 생명이 있으며 인간은 그들과 증여·상호보답 관계를 맺고 있다. 그리고 인간에게는 전생과 내세가 있어, 어쩌다 현세에서 인간으로 태어나 살고 있지만 전생이나 내세에도 인간으로 태어난다는 보장은 없다. 동식물뿐만 아니라 모든 사물, 하늘의 별까지도 인간과 깊은 관계를 갖고 있다. 폭풍이나 바람이나 비나 눈과 같은 자연 현상도 인간과 깊은 관계가 있으며 인간은 이들과도 증여·상호보답 관계를 맺고 있다. 인간은 동식물과도 증여·상호보답 관계를 맺고 있다. 병이나 재해도 외부에서 인간의 세켄에 영향력을 가해오는 것으로 인간은 이들과도 증여·상호보답 관계를 맺고 있다. 방생회(放生會)도 '세켄'의 인간이 잡은 동물을 놓아주는 의식인 것이다.

인간과 인간이 맺는 증여 · 상호보답 관계는 더 말할 필요도 없는 일이다. 부모 자식 간의 관계는 그 기본을 이룬다. 이와 같은 구조는 현재 일본인의 인간관계에서 그 기초를 이루고 있는 것으로, 『일본영이기』 시대에 그 기본형이 마련되었다고 할 수 있다.

『일본영이기』에 보이는 '세켄'의 구조를 이와 같이 파악해보았는데, 이제 『일본영이기』에 나오는 이야기 몇 가지를 살펴보고자 한다.

인과응보의 원리

『일본영이기』의 정식 제목은 『일본국현보선악영이기』(日本國現報善惡靈異記)이며, 상권(上卷)의 머리글에 불교의 전래 과정과 인과응보에 대한 내용이 기술되어 있다. 이 책의 저자인 교카이(景戒)는 "선악의 응보는 그림자 모양으로 따라다니며, 고락(苦樂)의 요동은 계곡의 메아리로 답하는 것과 같다"고 기술하고, 세켄에는 이와 같은 인과응보의 이치를 모르는 자가 많은데, 이들에게 불법(佛法)을 전하기 위해서 어떤 방법이 좋을지 고민하며 "옛날, 한나라로 하여금 『명보기』(冥報記)를 만들고, 대당(大唐)으로 하여금 『반야험기』(般若驗記)를 만들게 하였다. 왜 오로지 다른 나라에서 전해지고 있는 기록만을 경계로 삼고, 자기 나라의 기사(奇事)를 진심으로 두려워하지 않는 것인가"라고 하며 이 책을 저술하게 되었다고 밝혔다. 이처럼 이 책에는 불교 설화뿐만 아니라 그 밖의 설화도 많이 수록되어 있다. 또한 교카이는 오래된 옛 설화도 인과응보의 원리로 재해석하여 소개했다.

천둥을 잡은 이야기

제1화는 천둥을 잡은 이야기이다. 천황이 황후와 쉬고 있을 때, 방을 잘못 찾아 천황과 황후의 침소에 들어간 치이사코베(小子部)에 사는 스가루(栖輕)라는 자가 있었다. 때마침 천둥이 쳤다. 천황은 너무나 화가 나 그 사내에게 천둥을 잡아 오라고 명했다. 스가루는 명에 따라 천둥을 붙잡아 왔다. 천황은 많은 제물을 바치고 천둥을 잡았던 곳으로 돌려보냈다. 그 후 스가루가 죽자 천황은 천둥을 잡았던 장소에 그의 비(碑)를 세우게 하였다. 천둥은 화가나 비를 걷어차버리고 짓밟았으나, 갈라진 기둥 틈에 끼여 다시 잡히고 말았다. 천황은 다시 비를 세우게 하고, '살아 있을 때뿐만 아니라 죽어서도 천둥을 잡은 사내'라는 글을 새기도록 했다.

  이 이야기는 오래된 옛 설화라고 할 수 있는데, 재미있는 영계담(靈界談)으로 해석되었다. 설화집 머리글로 정말 잘 어울리는 이야기이다.

여우를 아내로 맞이한 이야기

제2화는 여우를 아내로 맞이해 자손을 얻은 이야기이다. 어떤 남자가 아내를 얻기 위해 여행을 떠났다가 들판에서 아름다운 여인을 만났다. 그 여인을 아내로 맞이해 함께 살아가던 어느 날 여인은 아이를 낳았다. 그런데 그 집에서 기르던 개도 같은 때에 강아지를 낳았다. 강아지는 이 여인을 보면 항상 크게 짖어댔으며 이빨을 드러내며 달려들기도 했다. 어느 날 아비 개가 여인을 향해 짖어대며 물려고 하자 여인은 여우로 변신해 바구니 위로 올라가 도망쳤다. 남자가 "자네와 나는 아이까지 낳은 사이니 언제라도 찾아오시게. 함께 지내구려"라고 하자, 여인은 종종 찾아와 함께 지냈다. 그 후 이 여인을 '기쓰네'(支都 : 여우를 일본어로 기쓰네라고 한다 — 옮긴이)'라고 부르게 되었다.

은혜 갚은 거북이 이야기

제7화는 거북이를 구해주었다가 그 거북이에게 구조된 이야기이다. 어떤 스님이 불상을 만들기 위해 사재를 털어 재료를 샀다. 해변에서 커다란 거북이 네 마리를 팔고 있는 사람이 있었다. 스님은 이 거북이를 사서 바다에 놓아주었다. 돌아오는 길에 뱃사람들이 욕심을 부려 동자(童子)를 바다로 던지고 스님도 바다로 던지려고 했다. 스님은 이들을 가르쳐 깨우치려고 했으나 말을 듣지 않았기 때문에 할 수 없이 바다로 뛰어들었는데 정신을 차려보니 거북이 등 위에 있었다. 해변에서 사서 놓아주었던 그 거북이가 은혜를 갚았던 것이다. "축생조차 은혜를 잊지 않고 돌아와 은혜에 보답한다. 하물며 의인(義人)에게 은혜를 잊겠느냐"는 이야기이다.

제8화는 『화엄경』(華嚴經)을 믿어 귀가 들리게 된 이야기이다. 어떤 남자가 갑자기 귀가 들리지 않게 된 데다가 온몸에 종기가 났다. 그때 남자는 이는 전생의 업보 때문이라고 여기고 선행을 쌓아 다음 생에 성불할 수 있도록 기원하기로 결심했다. 몸을 깨끗이 씻고 『대통방광경』

(大通方廣經)을 읽으면서 정성껏 열심히 기도했다. 그러자 귀가 들리게 되었다.

제9화는 독수리에게 갓난아기를 빼앗겼다가 나중에 아기와 아버지가 재회한다는 이야기이다. 갓난아기를 독수리가 채가는 바람에 아기가 행방불명이 되었다. 8년 뒤에 아기 아버지가 단바(丹波) 지방 북쪽에 있는 가사군(加佐郡)에 갔다가, 어느 집에서 독수리가 갓난아기를 둥지로 가져가 먹이로 하려는 것을 구해와 키웠다고 하는 여자를 만났다. 시간을 헤아려보니 8년 전 독수리가 채가는 바람에 행방불명된 갓난아기가 틀림없었다. 부모 자식 간의 인연이 얼마나 깊은지를 알게 해주는 이야기이다.

제10화는 아이의 물건을 훔쳐 소가 된 이야기이다. 『대통방광경』을 믿어 전생의 죄를 뉘우치며 죄를 씻으려고 한 남자가 있었다. 스님을 모셔와 공양을 하고 스님이 잠자리에 들려고 할 때 주인이 와서 이불을 덮어주었다. 스님은 그 이불을 보는 순간, 내일 보시를 받는 것보다 이 이불을 훔쳐 도망가는 편이 나을 것 같다는 생각을 했는데, 그때 "그 이불을 훔쳐서야 어디" 하는 목소리가 들렸다. 그곳에는 소만 있을 뿐이었다. 그 소는 "실은 이 집의 주인이었는데, 아이의 벼를 훔쳐서 소로 환생하여 죗값을 치르고 있는 중입니다"라고 했다. 다음 날 스님이 이 이야기를 주인에게 들려주자, 주인은 슬퍼하며 소에게 "전생에 훔친 벼는 장부에서 지우기로 합시다"라고 말했다. 소는 이 말을 듣고 눈물을 흘리며 그날 숨을 거두었다.

제11화는 어릴 때부터 물고기를 잡았기 때문에 앙갚음을 당한 이야기이다. 간고지(元興寺)의 지오(慈應) 대사가 『법화경』(法華經)을 강의하고 있을 때, 어려서부터 물고기를 잡는 일을 업으로 삼았던 남자가 "화염이 다가온다"며 큰소리로 소리쳤다. 지오 대사가 다라니를 소리내어 읽자 가까스로 화염을 벗어날 수 있었다. 남자는 절에 찾아가 동물을 죽인 죄를 뉘우치며 두 번 다시 살생을 하지 않았다.

제12화는 뼈만 남은 해골이 불가사의한 영력(靈力)을 발휘한 이야기이다. 고려 유학승 도도(道登)는 해골이 사람이나 짐승들에게 마구 짓밟히고 있는 것을 보고 이를 수습하여 나무 위에 놓아두었다. 섣달그믐날에 어떤 남자가 찾아와, 자신은 도도님께 구원을 받은 해골인데 은혜를 갚고 싶다고 하며, 도도의 하인 마로(万侶)를 데리고 어느 집으로 안내했다. 그곳에는 풍성하게 한 상이 차려져 있었고 두 사람은 맛있게 먹었다. 날이 밝을 무렵에 남자는 "나를 죽인 형이 올 시간이니 돌아갑시다"라며 "옛날에 형과 함께 장사를 했는데, 내 장사가 잘되자 형이 시기해 나를 죽이고 은(銀)을 빼앗았습니다. 오랫동안 사람이나 짐승의 발에 짓밟히고 있었는데 당신들 덕분에 구원을 받았습니다"라고 말했다. 그때 남자의 어머니와 형이 방으로 들어와 거기에 도도의 하인이 있는 것을 보고 이유를 물었고, 어머니는 형이 동생을 죽였다는 사실을 알게 되었다. 뼈만 남은 해골조치도 은혜를 잊지 않는다는 이야기이다.

『반야심경』의 불가사의

제14화는 『반야심경』을 염불하면 불가사의한 일이 일어난다는 이야기이다. 백제 사람인 승려 의각(義覺)은 언제나 『반야심경』을 외우고 다녔다. 의각이 밤마다 『반야심경』을 외우면 방에 있는 벽이 사라지고 밖이 훤히 보였다. 방을 나와 살펴보면 벽은 여전히 거기에 있었다. 이는 『반야심경』의 영험함이라고 생각했다. 『반야심경』에서는 모든 것이 공(空)이라고 설명한다. 그 때문에 모든 것이 공(空)이 되어 벽도 사라진다는 이야기이다. 『반야심경』의 참으로 소박한 해석이라고 할 수 있지 않을까?

제16화는 토끼 가죽을 벗겼다가 앙갚음을 당한 이야기이다. 어떤 남자가 자비심도 없이 산 동물을 아무렇지도 않은 듯 죽이고 있었다. 어느 날 토끼를 잡아 산 채로 가죽을 벗기고 들판에 버렸다. 그러자 바로 남자의 몸에 종기가 나기 시작했고 피부는 짓물러 문드러졌다. 남자는 그 무엇에 비유할 수 없는 고통으로 괴로워했다. 고통에 울부짖으며 남자는 죽어갔다. 악행에 대한 보복인 것이다.

제18화는 『법화경』을 염불하여 현생의 불가사의를 보여준 이야기이다. 『법화경』을 여덟 살이 되기 전부터 모두 암송하던 사람이 있었다. 그러나 단 한 글자만은 외우지를 못했다. 그래서 관음보살 앞에서 전생의 죄를 참회하여 악행에 대한 보복에서 벗어나려고 했다. 어느 날 꿈에 나온 남자가 "너는 전생에 구사카베(日下部)에 사는 사루(猴)라는 사람의 아들이었다. 그때 『법화경』을 자주 암송했다. 그러나 등잔불에 경문(經文)의 글자 하나가 타버렸다. 그래서 그 글자만 외우지를 못하는 것이다. 어서 그 집에 가보도록 하라"고 말하여, 그 집에 가보니, 주인 부부가 죽은 아들과 꼭 닮은 남자가 왔다며 반기는 것이 아닌가. 여러 가지 이야기를 나눈 끝에 이 집은 전생에 자신이 살던 집으로, 이야기를 나눈 두 사람이 자신의 부모였다는 것을 알게 되었다. 죽은 아들이 기거하던 별채에 들어가보니 『법화경』이 있었고 아무리 외우려 해도 외워지지 않던 그 글자 부분이 등잔불에 타버린 채 남아 있었다. 그래서 등잔불에 경문의 글자를 태워버린 죄를 뉘우치고 타버린 부분을 손질하자 『법화경』 전부를 외울 수 있었다. "과거의 인(因)을 모르겠다면, 현재의 과(果)를 보아라. 미래의 보(報)를 모르겠다면, 현재의 업(業)을 보아라"는 말이 있다.

절의 땔나무를 훔친 스님 이야기

제20화에는 엔고지(延興寺)의 승려 에쇼(惠勝) 이야기가 나온다. 에쇼는 절의 목욕용 땔나무를 한 다발 훔쳐 다른 사람에게 주고 나서 죽었다. 그때 그 절에 있던 암소 한 마리가 송아지를 낳았다. 송아지는 자라서 땔나무 실은 달구지를 끄는 소가 되었다. 어느 날 안면부지의 스님이 "에쇼 법사는 『열반경』(涅槃經)은 잘 읽었으나 달구지를 끄는 솜씨는 별로구나" 하며 한마디했다. 소는 이를 듣고 눈물을 흘리며 그 자리에서 죽고 말았다. 소를 끌던 사람은 스님을 책망하며 하소연했다. 그 스님을 불러내고 보니, 얼굴은 보통 사람의 얼굴이라고 하기에는 너무나도 온화하여 송구스러울 정도였다. 그래서 화가를 불러 스님의 모습을 그리게 하니 곧 관음보살의 모습이었다. 아무리 굶주렸다 하더라도 절의 물건을 훔쳐서는 안 된다는 이야기이다.

제21화는 자비심도 없이 말에게 너무 무거운 짐을 지게 해 그 앙갚음을 당한 이야기이다. 옛날 가와치국〔河內國 : 일본 오사카부(大阪府) 동부 지역 — 옮긴이〕에 참외를 파는 남자가 있었다. 이 남자는 말에게 무거운 짐을 지게 해 말이 잘 걷지를 못하면 채찍으로 때려 혹사했다. 참외를 다 팔자 이 남자는 말을 죽여버렸다. 이렇게 죽인 말의 수는 손가락으로 다 꼽을 수 없을 정도였다. 어느 날 이 남자가 물이 끓는 가마솥 옆으로 다가가자 뜨거운 김이 남자의 두 눈으로 들어가 눈을 멀게 하였다. 자비심을 잃어서는 안 된다는 이야기이다.

도쇼(道照) 법사 이야기

제23화는 도리를 모르는 남자가 어머니에게 효도를 다하지 못한 채 처참하게 죽은 이야기이다. 야마토국〔大和國 : 일본 나라현(奈良縣) 지역 — 옮긴이〕에 도리를 모르는 남자가 있었다. 어느 날 어머니는 이 아들에게서 벼를 외상으로 샀는데, 대신 지불할 것이 없었다. 어머니는 땅바닥에 엎드려 사정해보았으나 아들은 그저 드러누워 들은 체도 하지 않았다. 주위 사람들이 대신 빌린 것을 갚아주고 갔다. 어머니는 자신의 젖을 밖으로 드러내고 소리내어 울면서 "너를 키울 때 밤낮으로 쉬지도 않았거늘. 나는 지금 너에게 이런 모욕을 당하는구나. 너는 내가 빌린 벼를 거두어들였다. 그렇다면 나도 너를 먹여 키운 젖 값을 받아야겠다"며 탄식 섞인 하소연을 했다. 이를 들은 아들은 미쳐 날뛰다가 집에 불을 질러 모두 태워버리고 굶어서 얼어죽고 말았다.

이세(伊勢) 행행(行幸)을 중지시킨 이야기

제25화는 욕심 없는 충직한 가신(家臣)이 기적을 일으킨 이야기이다. 지토 천황(持統天皇 : 645~702)의 가신 고이치마로 츄나곤(高市万侶 中納言)은 천황의 이세〔伊勢 : 지금의 미에현(三重縣) 지역 — 옮긴이〕 행행에 대해, 행행을 할 경우 백성들의 농사에 방해가 될까 염려하여 행행 중지를 천황에게 간언했다. 천황은 그래도 행행을 강행하려고 했다. 고이치마로 주나곤은 사임을 각오하고, 백성들이 농사일로 한창 바쁜 지금 외출해서는 안 된다고 진언했다. 이 밖에도 그는 많은 선행을 베풀었다.

호랑이가 된 에우바소쿠(役優婆塞) 이야기

제28화는 공작명왕(孔雀明王)의 주술법(呪術法)을 익히고 영술(靈術)을 단련해 신선이 되어 승천한 이야기이다. 에우바소쿠라는 속세에 살던 스님은 태어나면서부터 영리하고 불법(佛法)을 믿어 수행에 정진했다. 이 스님은 언제나 마음속으로 오색 구름을 타고 하늘 저편으로 날아가 신선들이 사는 궁전에서 다른 신선들과 함께 영원한 세계에서 살기를 염원했다. 그 때문에 초로를 넘긴 나이에도 암굴에서 생활하며 덩굴풀로 만든 엉성한 옷을 걸치고 솔잎을 먹으며 몸을 깨끗이 하면서 수행했다. 이렇게 『공작경』(孔雀經)의 주술법과 같은 불가사의한 영력(靈力)을 익힐 수 있었다. 또한 귀신을 마음대로 부리며 언제나 자유로울 수 있었다. 귀신을 불러내어 "야마토국(大和國)의 긴푸산(金峰山)과 가츠라기산(葛城山) 사이에 다리를 놓아라" 따위의 명령을 내렸다. 신들은 이러한 사태를 모두 개탄했다. 몬무 천황(文武天皇) 치세에 말참견을 즐기는 대신(大神)이 "에우바소쿠는 천황을 멸(滅)하려 하고 있습니다"라고 호소했다. 천황은 에우바소쿠를 잡아들이려 하였으나 좀처럼 잡히지가 않자 그 어머니를 잡아들이려 했다. 에우바소쿠는 자진 출두하여 체포되었다. 그는 이즈〔伊豆 : 일본 시즈오카현(靜岡縣) 지역 — 옮긴이〕로 유배되었다. 이즈에서는 바다 위를 떠다니기도 하고 높은 산 정상에서 날아다니기도 했다. 3년 뒤, 다이호 원년(大寶元年, 701년)에 사면되자, 신선이 되어 날아갔다.

도쇼 법사가 중국 당나라에 갔다가, 어느 날 오백두(五百頭)인 호랑이의 초대로 『법화경』을 강의했다. 그때 어느 호랑이가 일본말로 질문을 했다. 바로 그가 에우바소쿠였다.

제34화는 비단 옷감을 도둑맞고 묘현보살(妙見菩薩)에게 빌어 그 옷감을 다시 손에 넣은 이야기이다. 기이국〔紀伊國 : 일본 와카야마현(和歌山縣)과 미에현(三重縣) 남서부 지역 — 옮긴이〕 안테이군(安諦郡) 기사베무라(私部村) 앞에 집 한 채가 있었는데 그 집에서 비단 옷감 10필을 도둑맞자, 묘현보살에게 옷감을 돌려받게 해달라고 마음을 담아 기도했다. 도둑맞은 옷감은 와카야마 시장에서 어떤 사람에게 팔렸다. 그 뒤 일주일도 지나지 않은 어느 날 갑자기 회오리바람이 불어 그 옷감을 빨아올렸는데 마침 이 비단 옷감은 사슴의 뿔에 걸렸다. 그 사슴은 그대로 남쪽으로 내달렸다. 그리고 옷감의 본래 주인집으로 가 그 옷감을 돌려주었고 이윽고 사슴은 그대로 천상으로 올라갔다. 묘현보살의 영험함을 보여주는 신비한 이야기이다.

이상으로 『일본영이기』 상권의 개략적인 소개를 마치고, 중권과 하권에 관해서는 특이한 내용만을 간추려 소개하고자 한다.

중권에 나오는 제3화에는 사키모리〔防人 : 일본 고대에 규슈(九州) 지역의 해안 경비를 위해 선발한 수비병. 처음에는 주로 간토(關東) 지역에서 파견되었으나 점차 규슈 지역에서 선발됨 — 옮긴이〕 이야기가 있다. 다마(多摩) 출신인 어느 사키모리가 아내와 멀리 떨어져 규슈에서 머무는 일이 힘들어, 자기 어머니를 살해하고 상복을 입어 군역을 피하려고 했다. 그러나 정작 어머니를 살해하려고 하자 땅이 갈라져 이 남자는 갈라진 땅속으로 떨어지고 말았다. 당시 사키모리의 부담이 얼마나 고통스러운 것이었는지 알 수 있으며, 땅에도 마음이 있음을 묘사하고 있다.

은혜 갚은 굴조개 이야기

제16화에는 한 남자가 바다에서 굴조개를 잡고 있는 사람에게서 굴조개를 사서 바다에 놓아준 이야기가 나온다. 이 남자는 산에 갔다가 나무에서 떨어져 죽는데, 죽어서 저승에 가 참수당할 처지에 놓였으나 법사 열 명이 구해주었다. 이들이 바로 굴조개였던 것이다. 비록 굴조개에 불과하나 은혜를 잊지 않고 갚았다는 이야기이다.

제30화에서는 교키(行基) 대사가 아이를 데리고 있는 어떤 여자에게 그 아이를 깊은 강물에 버리라고 하자, 여자는 고민 끝에 그 아이를 강물에 버리는데, 그 아이가 "애석하구나. 이제 3년만 더 먹으면 되는데"라고 했다. 여자가 전생에 다른 사람에게서 빌린 빚이 있었는데 그것을 갚지 않았기 때문에, 빌려준 사람이 현세에 아이 모습으로 찾아와 그 여자에게 젖을 얻어먹고 있었던 것이다.

제40화에서는 어떤 남자가 매 사냥을 할 때 여우 새끼를 나무꼬챙이에 꿰어 여우 굴 입구에 세워놓았다. 어미 여우는 남자를 원망하며 이 남자의 할머니로 변신해 남자의 아이를 꼬챙이에 꿰어 복수했다. 한낱 미물인 여우지만 여우도 복수를 한다는 이야기이다.

『일본영이기』 하권에 나오는 첫 이야기에서는 어느 스님이 식사 때 까마귀에게 먹이를 주고 있었다. 어느 날 식사를 마친 다음 스님은 자갈로 손장난을 하다가 이 자갈을 던졌는데 까마귀가 맞아 죽고 말았다. 까마귀는 그 뒤 멧돼지로 환생했다. 이 멧돼지가 산 속에서 먹이를 찾고 있을 때, 돌이 굴러 떨어져 그 스님이 맞아 죽고 말았다. 사람들은 모르는 사이에 무의식 속에서 죄를 짓고 있다. 그 죄의 결과 역시 필연적으로 되돌아온다는 것을 보여주는 이야기이다.

제26화에서는 어떤 여자가 빌려줄 때에는 작은 되로 달아 빌려주고, 갚으러 왔을 때에는 큰 되를 사용해 이득을 남겼다. 그리고 높은 이율을 적용했다. 이 여자가 죽었다가 일주일 뒤 다시 살아났는데, 허리 위로는 소로 변해 있었다는 이야기이다.

제27화에서는 어떤 남자가 대나무 숲에 머물게 되었는데, 어디선가 "눈이 아파요" 하는 소리가 들려서 살펴보니, 뼈만 남은 해골의 눈을 죽순이 관통해 있었다. 남자는 그 죽순을 빼주고 자신의 행운을 빌었다. 그 덕분인지 시장에서 장사가 잘되었다. 돌아오는 길에 그 대나무 숲에서 지난번 그 해골이 인간의 모습으로 나타나, 숙부에게 살해당해 괴로워하고 있던 참에 구해주어서 고맙다는 인사를 했다. 남자로 변신한 그 해골이 감사 인사로 자신의 집에 와주었으면 해 가보니, 남자로 변신한 그 해골의 부모가 있어서 이야기를 들을 수 있었고, 숙부가 그 남자를 살해했음이 사실로 드러났다. 비록 해골이지만 구해준 데에 대한 감사 인사는 한다는 이야기이다.

돌을 낳은 여자 이야기

제31화는 여자가 돌을 낳은 이야기이다. 스무 살이 된 여자가 남자와 합방을 하지도 않았는데 임신을 했다. 이 여자는 3년 뒤에 돌 두 개를 낳았다. 이 돌은 시간이 흐르자 점점 커졌다. 이웃 군(郡)의 대신(大神)이 "이 돌은 내 아이다"라고 고백했기 때문에, 여자는 제단을 만들어 이 돌을 바쳤다.

제38화는 간무 천황(桓武天皇) 치세인 엔랴쿠(延曆) 3년(784년) 11월 8일 오후 8시에서 다음 날 아침 4시까지 하늘의 별이 모두 움직이며 날아다녔다. 그 무렵 천황이 동생인 사와라(早良) 황태자와 함께 나라(奈良)에서 나가오카(長岡)로 거처를 옮겼다. 이듬해 엔랴쿠 4년에는 달 표면이 어둡고 하늘도 어두웠다. 같은 달에 시키부쿄(式部卿) 정삼위(正三位) 후지와라노 다네쓰구(藤原種繼)가 화살에 맞아 죽었다. 달빛이 사라진 것은 그 전조였다고 한다. 일본의 불가사의한 일을 묘사한 예 중에서도 별이나 달이 등장하는 예는 비교적 적은 편이어서 이 예는 주목해 볼 만하다.

이상에서 살펴보았듯이, 『일본영이기』에는 하나의 우주인 '세켄'과 관련한 여러 가지 관계가 묘사되어 있으며, 그 이야기들은 오늘날의 일본인들에게 매우 친근한 내용이다. 유럽에도 『일본영이기』와 같은 설화집이 있다. 그러나 그 구조는 매우 다르다. 이 점에 대해서는 뒤에 논의해보고자 한다(제6장). 유럽에서는 중세 이후 인간을 독자적인 존재로 여겨 동식물과는 확연하게 구분했다. 이 점은 뒤에 논의할 근대화론(제8장)과 관련해 중요한 논점으로 떠오를 것이다.

생령(生靈)과 원령(怨靈)

이와 같은 '세켄'은 서민뿐만 아니라 귀족층에도 공통적으로 나타난다. 『일본영이기』의 마지막 이야기에 나오는 사와라 친왕(早良親王) 사건을 우선 살펴보자. 고닌 천황(光仁天皇)의 황자인 사와라 친왕은 간무 천황(桓武天皇)과 어머니가 같은 형제로, 덴표쇼호(天平勝寶) 2년(750년)에 태어났다. 엔랴쿠 4년(785년)의 후지와라노 다네쓰구 사망 사건 때에 이미 이 세상 사람이 아니었던 오토모노 야카모치(大伴家持) 집안이 사와라 친왕을 천황으로 옹립하려 했다는 구실을 만들어 사와라 친왕을 유폐하였다. 사와라 친왕은 식음을 전폐하다가 결국 죽었다. 여기에는 간무 천황이 동생보다도 자신의 아들을 천황으로 옹립하고자 하는 의도가 숨어 있었다. 나중에 황태자 야스미도노 친왕(安殿親王)이 병이 나자, 이는 사와라 친왕의 저주라는 점괘가 나와, 사와라 친왕의 영혼을 위한 사죄의 제사를 올리고 스도 천황(崇道天皇)이라는 칭호를 추존했다. 조간(貞觀) 3년(861년)의 제사〔고료에(御靈會)〕에서도 스도 천황에 대한 제사를 지냈다.

원령 스가와라노 미치자네(菅原道眞)

이 밖에 스가와라노 미치자네와 관련한 원령 이야기가 있다. 미치자네는 젊은 시절부터 학문의 길을 걸어 문장박사(文章博士)에 임명되었다. 미치자네의 이러한 성공을 시기하는 자도 많아, 닌와(仁和) 2년(886년)에는 사누키노가미(讚岐守)에 임명되면서 문장박사의 지위를 떠나야 했다. 귀향한 뒤에도 우다 천황(宇多天皇)의 신임을 얻어 견당사(遺唐使)에 임명되었다. 실제로 견당사로 파견되지는 않았는데, 그것은 미치자네 본인이 파견을 사양하는 진언을 했기 때문이었다. 나중에 우다이진(右大臣)에 올라, 사다이진(左大臣)이던 후지와라노 도키히라(藤原時平)와 팽팽한 긴장 관계에 있었는데, 당시 도키히라 진영의 참언으로 미치자네는 다자이곤노소치(大宰權帥)로 좌천되었다. 아들 네 명도 모두 지방으로 좌천되어 미치자네에게는 비운의 연속이었다. 병까지 난 미치자네는 다자이후〔大宰府 : 일본 고대 사이카이도(西海道)의 9국(國) 2도(島)의 행정을 총괄하던 기관 — 옮긴이〕에서 사망했다.

도키히라도 미치자네의 뒤를 따르듯 엔기(延喜) 9년(909년)에 39세라는 젊은 나이에 죽었다. 도키히라를 도와 미치자네의 좌천에 가담한 후지와라노 스가네(藤原菅根)도 죽었다. 미치자네 사망 후 매년 역병이 돌았고 가뭄이 이어졌다. 사람들은 미치자네의 저주라는 생각에 불온한 기운을 느끼고 있었다. 엔기 23년에는 황태자 야스아키라 친왕(保明親王)이 21세의 젊은 나이에 죽었을 뿐만 아니라 도키히라의 자손이 모두 요절하자, 천황도 이러한 사태를 무시할 수 없었다.『일본기략』(日本紀略)에는 "온 세상에 알리노라. 다자이곤노소치 스가와라노 미치자네의 영혼숙분(靈魂宿忿)을 풀어주도록 하라"는 내용이 있으며, 미치자네의 우다이진 지위를 회복시켰다. 그러나 그 뒤에도 요시요리노미코(慶賴王)가 다섯 살에 죽었고 엔기 8년에는 기우제를 지내던 세이료덴(淸凉殿) 위에 검은 구름이 생겨 천둥소리가 크게 났으며, 다이나곤(大納言) 후지와라노 기요츠라(藤原淸貫)는 즉사하고 천황도 병이 났다. 이러한 현상이 모두 미치자네의 원령이 한 일로 여겨져 두려움은 더욱 커져갔다.

이리하여 미치자네를 모시는 신사(神社)가 교토(京都)와 다자이후에 세워져 기타노텐만구(北野天滿宮)가 만들어졌다.『오카가미』〔大鏡 : 850~1025년에 일어난 일들을 후지와라 씨(藤原氏) 집안의 영화를 중심으로 기록한 역사 이야기 ― 옮긴이〕에는 미치자네 원령에 관한 이야기가 나오며, 엔유 천황(円融天皇) 때에 다이리(内裏 : 천황과 황후 등 황실 가족과 궁인들이 거처하던 곳. 즉, 궁궐 ― 옮긴이)에 불이 나서 목수가 수리를 마친 다음 날 아침에 보니, 대패질을 한 곳에 벌레가 기어간 듯한 흔적이 있었는데, 이 흔적을 '고치더라도 또 태워버릴 것이다. 스가와라의 가슴속

아픔을 모르는 한' 이라고 읽을 수 있어서, 미치자네의 한을 보여주는 것으로 보았다.

혼령 신앙

이와 같은 원령은 『겐지모노가타리』(源氏物語)의 로쿠조미야슨도코로(六條御息所)의 경우에도 보이며 원령을 빼고서는 이 시대를 말할 수 없을 정도로 커다란 위치를 차지한다. 이와 같은 원령에 대해 그 혼을 위로하고 저주에서 벗어나기 위한 것이 혼령 신앙이다. 혼령 신앙은 헤이안 시대(平安時代) 이후 크게 유행하여, 원한을 품고 죽은 사람의 혼은 사람들에게 저주를 내린다고 믿었고, 역병이나 기근, 그 밖에 천재지변도 원령이 내린 저주의 결과라고 믿었다.

　원령이 처음 문헌에 등장하는 것은 『삼대실록』(三代實錄) 조간(貞觀) 5년(863년) 5월 20일 조로, "所謂御靈者崇道天皇(早良親王), 伊予親王, 藤原夫人(吉子)及觀察使(藤原仲成), 橘逸勢, 文室宮田麻呂等是也, 竝坐事被誅免魂成厲"라고 나와 있다. 이들 여섯 명 외에 기비노마키비(吉備眞備)와 스가와라노 미치자네를 더하여 팔소어령(八所御靈)이라고 한다. 이 저주를 내리는 혼들을 위로하기 위한 의식이 고료에(御靈會 : 일종의 제사 — 옮긴이)라고 부르며, 앞에서 서술한 첫 고료에가 조간 5년에 칙명(勅命)에 따라 신센엔(神泉苑)에서 거행되었다. 이 고료에는 민간 풍속에도 뿌리를 내려, 민중들이 목우(木偶)나 미코시[神輿 : 신위(神位)를 모신 가마 — 옮긴이]를 앞세워 나니와(難波)의 바다까지 시끌벅적하게 떠나보내는 행사를 거행했다. 일본 전통 제례 의식으로서 기온(祇園)과 기타노(北野), 이 두 고료에가 널리 알려져 있다.

'세켄'의 구조

여기에서 다시 '세켄'의 구조에 대해서 생각해보려 한다. 살아 있는 인간이 '세켄'의 중심을 이루고 있으므로 이를 좁은 의미의 '세켄'으로 보고자 한다. 살아 있는 인간은 전생을 껴안은 채 다음 생과도 이어져 있다. 인간이 생활하는 주변에는 동식물도 함께 살아가는데, 동식물은 자신들의 독자적인 생활권이 있으면서도 인간의 생활과 밀접하게 연계되어 있다. 하늘의 별과 달, 태양과 같은 존재는 인간의 손이 닿지 않는 먼 곳에 있지만 인간의 생활에 커다란 영향을 미치고 있다. 이들 동식물이나 천체(天體)를 포함한 모든 존재들의 장(場)을 넓은 의미의 '세켄'으로 부르고자 한다. 인간은 이들 동식물이나 천체가 주는 영향을 완전히 제어하지는 못한다. 그래서 인간은 이들 천계(天界)나 동식물과도 증여·상호보답 관계를 맺어 안정된 생활을 누리고자 노력한다. 인간은 동식물을 잡아먹으면서 살아가기도 한다. 어떤 의미에서 인간과 대등한 동식물을 먹으면서 살아가야 하는 인간은 이들 존재에게도 공양(供養)을 한다. 현재에도 물고기에 대한 공양, 장어에 대한 공양, 심지어 침 공양이나 시계에 대한 공양까지도 한다.

공양이라는 말은 본래 산스크리트의 '푸자' 또는 '푸자나'라는 말을 한자로 옮긴 번역어로, 본래는 '존경'을 의미했다고 한다. 공양 역시 인간이 먹여야 하는 존재에 대해 벌이는 증여·상호보답 관계에 기초한 답례 의식(答禮儀式)이다. 한편, 방생회(放生會) 역시 본래 중국에서 하던 것으로, 일본에서는 676년(天武 5年)에 지방 여러 국(國)에 방생회를 열도록 명한 것이 시작이라고 한다. 그 중에서도 이와시미즈마쓰리(石淸水祭)의 방생회는 널리 알려져 있다. 이는 인간의 '세켄'과 관련되었던 동식물을 본래 세계로 돌려보내는 의식이다. 천체의 존재들에게도 기원이나 제사를 올렸다.

세켄의 생활 속에는 인과응보와 전생의 인연이라는 원칙이 있어, 살아 있을 때에도 전생의 영향을 받고, 죽어서는 내세에 동식물 또는 돌과 같은 존재로 환생하기도 한다. 이렇게 살아가는 인간의 생활은 매우 불안정하기 때문에, 천계까지도 포함한 모든 존재와 증여·상호보답 원칙을 맺어 안정을 얻고자 하는 것이다. 고료에나 방생회는 이러한 증여·상호보답의 의식인 것이다. 원령은 곧 '세켄'의 여론이며, 후지와라노 도키히라와 같은 권력자의 방자한 행위를 잘못된 것으로 인식은 하고 있으나 직접 반대하며 비판할 수 없는 처지의 사람들이 스가와라노 미치자네를 마음속으로 옹호하는 가운데 원령을 만들어냈던 것으로 볼 수 있을 것이다. 현재에도 현 권력자에게 직접 저항하지는 못하지만 심리적으로는 권력자에게 희생된 사람들에 대한 동정 심리와 같은 형태로 '세켄'의 여론이 형성된다.

『일본영이기』를 읽다 보면 그 시원시원하고 기상천외한 발상에 매료되고 만다. 앞서 보았듯이 제1화에 천둥을 잡은 이야기가 나오는데, 이 야기에는 천황의 침소에 침입한 남자에 대해 천황이 화내는 모습과 창

피해하는 모습이 보인다. 제28화는 오백두(五百頭)인 호랑이에게 『법화경』을 강의하는 이야기로, 기상천외한 발상이다. 이 시기에 고대의 신(神)에 대한 관념이 변용(變容)을 거듭한다는 점은 고료에와 같은 의식(儀式)에서도 찾아볼 수 있는데, 천둥에 대한 공포는 원령과 관련해서도 매우 컸던 것으로 보이며, 신에 대한 관념뿐만 아니라 자연현상에 대한 관념이나 감정도 변화를 거듭한 것으로 보인다.

뒤에 소개하는 유럽의 기독교 보급을 위한 설화와 비교해보아도 『일본영이기』가 가진 독자성은 좀더 분명하게 드러난다. 무엇보다도 정말 재미있다. 착상도 서술 방법도 활달하고 시원시원하다. 기독교의 설화에는 이러한 재미가 없다. 불교가 세속 신앙에 대해 관대했다는 점을 우선 그 배경으로 들 수 있으나, 이에 그치는 것이 아니다. 이 문제에 대해서도 기회가 있으면 살펴보고자 한다.

'세켄' 속 주술의 지배

주목해야 할 점은 이 '세켄'을 주술이 지배하고 있다는 중요한 사실이다. 『일본영이기』에 나오는 이야기에도 원령이나 고료에와 같은 데에도 주술적인 것이 매우 강하게 작용하고 있다. 증여·상호보답 관계가 본래 주술적인 관계이며, 그러한 주술적인 관계는 지금도 '세켄' 속에 상당히 커다란 위치를 차지하고 있다. 『일본영이기』에서 볼 수 있는 결정적인 관계는 아니지만 말이다. 이 사이의 상황을 살펴보기 위해서는 여기서 다시 신란(親鸞)에게 돌아가보아야 한다.

제3장

주술을 부정한 신란(親鸞)

주술적 사고의 부정

신란(親鸞)은 1224년을 말세(末世)가 시작되어 683년째에 해당하는 해로 계산했다. 이 무렵 신란은 논바닥에 지은 초막에서 『교교신쇼』(教行信證)의 초고를 쓰면서 히타치(常陸) 지역에서 포교 활동을 하고 있었다. 신란이 주목한 것은 천재지변, 전란이나 기아로 고통받는 대중(大衆)이었다. 당시 히타치 지역은 막부(幕府)의 직할령(直轄領)이었던 무쓰(陸奥)나 호족 지바 씨(千葉氏)가 지배하던 시모우사(下總) 지역과 달리, 가마쿠라(鎌倉) 정권에서 좀 떨어진 독자적인 위치에 있었다. 신란이 직접 가르친 제자는 히타치 지역에 20명 정도 있었다고 한다. 한루이(伴類) 또는 '도코(屠沽)의 하류(下類)'라 불리던 대중은 점차 접근해 오는 무가정권(武家政權)과 도네가와(利根川) 강을 사이에 두고 대치하고 있었는데, 이들 대중은 주술에 의지해 살고 있었다. 신란은 이러한 배경을 가진 지역에서 주술을 부정('세켄'을 부정)하는 책을 쓰고 있었던 것이다. 신란의 『교교신쇼』에는 주술을 부정하려는 태도가 분명하게 나타나 있다. 예를 들면, 「화신토권」(化身土卷)에는 다음과 같은 내용이 실려 있다.

또 세켄의 악마·사이비 종교, 요망한 법사의 망언을 믿어 더 많은 화복(禍福)을 낳을 것이다. 필시 조금이라도 잘못하면 스스로 마음을 바로잡지 못하고 점을 쳐 재앙을 불러들여 많은 중생을 죽게 할 것이다. 신명(神明)에게 아뢰고 모든 산천의 요괴를 불러내어 부귀를 빌고 장수를 바라며 욕심을 부린들 결국 얻지 못할 것이다. 어리석게 미혹되어 사악함을 믿고 큰 고통을 당하다가 마침내 횡사하여 지옥에 떨어져서 나올 수가 없게 될 것이다. 그리고 비통하게도 독약·염도(厭禱)·저주·기사귀(起死鬼) 때문에 해를 입게 된다. 보살계경(菩薩戒經)에 이르길, "출가한 자의 법도는 국왕에게 절을 하지 않는 것이며 부모에게 절을 하지 않는 것이고 육친에게 의무가 없으며 귀신을 받들지 않는 것이다.(『親鸞全集』제2권, 470~471쪽)

또한 같은 권(卷)에 다음과 같이 기록되어 있다. 논어에 이르길, "계로(季路)가 묻기를 '귀신을 위해 일을 하겠습니까?' 하자 공자가 이르길, '일할 수 없다. 사람이 어찌 귀신을 위해 일을 하겠는가'"라고 하였다. 그 밖에 「와산」(和讚 : 일본어로 된 불교 가요. 범어(梵語)로 된 것은 범찬(梵讚). 한자로 된 것은 한찬(漢讚) — 옮긴이)의 정상말(正像末)에도 "애처롭구나, 도인과 속인이 좋은 때와 길일을 택해 천신지기(天神地祇)를 받들어 복점제사(卜占祭祀)를 지내려 한다"며, 점이나 길일을 택하는 것과 같은 주술적 사고를 부정하고 있다. 「탄이초」(歎異抄)에도 "천신지기도 감복하여 마계이교(魔界異敎)도 장애가 되지 않는다"고 하며, 모든 신이나 귀신의 권위도 두려워할 필요가 없다고 분명하게 서술하고 있다.

신란은 20년에 걸쳐서 도고쿠〔東國 : 이 범위는 시대에 따라 변하지만, 기본적으로 교토에서 동쪽 지역을 가리킴. 중세, 도고쿠 무사단(東國武士團)은 가마쿠라 막부(鎌倉幕府)의 기반 — 옮긴이〕 지방에서 가르침을 펼쳐 히타치(常陸), 시모쓰케(下野), 시모우사(下總), 무사시(武藏) 지역에 제자들이 증가했다. 호겐(保元)의 난〔1156년 교토에서 일어난 천황가·셋켄가(攝關家) 내부의 권력 투쟁. 무사가 정계에 진출하게 된 계기가 됨 — 옮긴이〕, 헤이지(平治)의 난〔1159년 호겐의 난으로 정권을 장악한 무가(武家) 다이라 씨(平氏)와 미나모토 씨(源氏) 사이의 권력 대립. 이 난으로 다이라 씨의 전성기가 도래함 — 옮긴이〕 이후, 살인이 다반사로 일어났던 당시는 지옥과 다를 바 없었다. 현세를 지옥으로 본 신란은 호넨(法然)의 칭명염불(稱名念佛)을 통해 본원명호(本願名號)의 내방(來訪)으로 정토(淨土)와 교통할 수 있다고 가르쳤다.

본원〔本願: 중생을 구제하기 위한 부처의 서원(誓願) — 옮긴이〕의 명호에는 여러 신이나 귀신들의 만덕(萬德)이 들어가 있어, 올바른 염불을 행하는 자는 모든 귀신이나 여러 신의 권위를 두려워할 필요가 없다는 것이다. 조상 숭배도 효도도 생령(生靈)이나 원령(怨靈), 그리고 원령에 대한 위로도 필요 없으니, 일본 사람들의 생활을 오랫동안 지배해온 이들 가치와 도덕은 전면적으로 부정되었다. 이처럼 고대에서 그 당시에 이르기까지 일본 사람들의 생활을 규정해온 주술이 신란에 의해 커다란 전기를 맞이하게 된 것이다.

정토진종(淨土眞宗)과 민속

정토진종과 민속의 관계에 대한 연구는 여러 가지 있는데, 여기에서는 마쓰노 스미타카(松野純孝)의 연구를 기초로 하여 그간의 상황을 살펴보고자 한다(松野純孝, 「親鸞と習俗」, 『眞宗學』 제90호, 1994년). 마쓰노는 먼저 1954년 호리 이치로(堀一郎)가 실시한 후쿠시마현(福島縣) 소마번(相馬藩) 조사를 소개했다. 호리의 조사에 따르면, 소마번은 1787년의 대기근 부흥책으로 호쿠리쿠(北陸) 지방에서 농민들을 이주시켰는데, 그들은 정토진종의 신도들이었다.

그들은 이번 대전(大戰)까지 신궁(神宮)의 대마(大麻)나 이즈모 신사(出雲神社)의 신찰(神札)을 받지 않았다. 마을의 야마미코(山御講)를 비롯하여 유도노코(湯殿講), 긴푸산코(金峰山講), 후루미네코(古峯講), 니주산코(二十三講)와 같은 토착 고(講 : 종교 · 경제 활동을 하는 동료 및 조직 — 옮긴이) 조직에도 참여하지 않았다. 장례식에서도 토착 농민들이 사용하는 영선(靈膳)이나 영수(靈水)를 사용하지 않고 위패도 없으며 육문전(六文錢)이나 지팡이, 짚신도 관에 넣지 않고 흰 수의도 입히지 않으며 백의위패(白衣位牌)도 없다. 묘현신앙(妙見信仰)이 유행하면서 당시 사람들은 정월 3일의 엄격한 금기결재(禁忌潔齋)를 비롯하여 많은 신불(神佛)의 제일(祭日), 고(講), 뇌신(雷神), 그 밖에도 기일(忌日)을 지켰으며, 집집마다 집터를 보호하는 신, 집안에 모시는 신, 칠복신(七福神) 중 하나로 부엌에 모시는 다이코쿠텐(大黑天), 부엌의 부뚜막에 모시는 고진(荒神)에게 제사를 지냈고, 현관이나 거실, 마구간, 부엌,

우물, 화장실에도 신사(神社)나 절에서 받은 신찰(神札)을 붙였다. 이와 같은 당시 상황에 반해, 정토진종의 신도인 농민들은 집안에 신을 모시거나 신찰을 붙이거나 길가에 사당을 만드는 일 따위는 전혀 하지 않았다. 새해에 문 앞에 세워 장식하는 소나무나 재물을 올리는 선반이나 위패도 없었고 집터를 보호하는 신도 모시지 않았다. 법명축(法名軸)이 위패 대신에 불단(佛壇) 옆에 걸려 있는 정도이다.(「親鸞と習俗」)

지금도 교단에서는 공식적으로 위패를 금하고 있다. 또한 정토진종에서는 묘도 만들지 않는 곳이 적지 않다. 유럽에서는 최근 묘를 만들지 않는 사람들이 증가하여 장미화원에 화장한 재를 뿌리고 명판을 남기는 새로운 형태의 묘지가 늘고 있다. 일본에서는 그다지 보급되지는 않았으나, 정토진종에서는 이미 오래전부터 이러한 무묘제(無墓制)를 실행했다. 고다마 사토루(兒玉識)가 언급했듯이, 지금도 스오카사시마(周防笠島) 등지에는 근세 이래로 무묘제를 지켜오고 있는 신도들이 살고 있다. 무묘제이므로 일진이나 방향과 관련한 미신이나 터부가 그리 없는 생활을 하고 있다. 섬 전체에 고(講)는 조직되어 있으나, 그 운영은 윤번제(輪番制)이고 특권적인 성향은 없다. 고다마에 따르면, 이와 같이 강한 횡적 관계가 형성된 것은 조상 신앙이 약한 것과 관련이 있다고 한다. 다른 지역에서 시집온 여성들에게는 공동체 규제가 있기는 했지만, 이 섬에서 생활하기가 편하다는 평가를 내렸다는 것이다.(兒玉識, 『近世眞宗の展開過程 ― 西日本を中心にして』(日本宗教史研究叢書), 吉川弘文館, 1976년)

처음부터 정토진종 전체가 이와 같지는 않았다. 앞서 언급하였듯이 신란 자신이 『교교신쇼』에서 주술을 철저하게 부정하고 있는데, 농민들에게 이러한 신앙을 보급시킬 때에는 부단염불(不斷念佛)과 같은 민간신앙을 매개로 하여 전수염불(專修念佛)을 전파했다. 또한 말년에는 「황태자 쇼토쿠 봉찬」(皇太子聖德奉讚)에 따라 쇼토쿠 태자를 칭송했다. 그러므로 신란이 주장한 주술에 대한 부정을 일본 불교사 속에서 정확하게 평가해야만 한다. 일본의 불교는 국가신도(國家神道)를 보강하는 구실을 해왔다. 신탁(神託)이 커다란 자리를 차지하고 있던 일본 정치 세계에 새로운 힘으로서 불교가 도입된 이래, 항상 국가의 지배 아래 호국을 기원했던 것이다. 그것이 가지기도(加持祈禱)이며, 특히 밀교(密敎)에서 왕성하게 실천했다. 이것 자체가 주술로, 일본 불교는 원리적으로 주술적 색채를 짙게 띠며 유지되어온 것이다. 『일본영이기』와 같은 책은 이러한 불교의 주술적 요소를 민간에게 전하기 위한 설화집이었던 것이다. 이와 같은 상황 속에서 주술을 한꺼번에 전면적으로 부정하기란 결코 쉬운 일이 아니었다.

현재에 이르기까지 일본에서 주술을 논리적·실천적으로 원리를 따져 배격한 사람은 신란을 제외하면 아무도 없는 실정이다. 뒤에서 언급하겠지만, 메이지 시대 이후 근대화 또는 서구화를 진행하는 가운데, 많은 일본인은 주술에서 어느 정도 해방을 이룬 서구의 문화를 수용함으로써 스스로 주술을 폐기했다고 그저 믿고 있는 데 불과하다. 자신들의 주변에 서구에서는 생각할 수조차 없는 주술이 깊숙이 자리잡고 있음에도 근대화된 사회라고 착각하고 있는 데 지나지 않는 것이다.

렌뇨(蓮如)와 정토진종 교단

정토진종의 신도들은 서로 동행·동포라고 불렀다. 이와 같은 동포 집단은 '문도(門徒)의 원로'를 중심으로 결성되었고 사원(寺院)을 세우지 않았다. 공동으로 도량(道場)을 유지하고 토지나 건물은 문도들의 공동 소유였다. 이들 조직은 도량에서 회합이나 협의를 중심으로 운영되었고 그것은 정토진종이 발전하는 원동력이 되었다. 그러나 신란이 열반한 뒤, 혼간지(本願寺)가 생기고 나서는 문도들의 정치적 회합 성격이 강해졌다. 이 점에 대해서는 렌뇨가 쓴 다음 문장이 관심을 끈다.

무릇 최근 우리 문도들 사이에 불법(佛法)이 점차 상이해지고 있다. 그 이유는 우선 좌중(座衆)에게 있다. 어떻게든 그 좌상(座上)에 올라 술도 다른 사람보다 먼저 마시고, 좌(座) 안에 있는 사람에게도 또 다른 누구에게도 용하게 들키지 않았지만, 진정 불법(佛法)에서 중요하게 여기듯 마음가짐을 잘 해야 한다. 이는 왕생극락을 위한 것이 아니라 단지 세켄의 평판만을 좇는 것이다. 그렇게 당류(當流)에서 매월 회합을 가져온 유래는 무슨 소용이 있으며, 재가무지(在家無知)한 몸으로 쓸데없이 살아가고 쓸데없이 밤을 새우며 1년이 허무하게 지나, 결국 무간지옥(無間地獄) 삼도(三途)에 빠질 몸이 한 달에 한 번이라도 염불수행할 사람만 도량에 모여 자신의 신심(信心)은 어떤지 다른 사람의 신심은 어떤 것인지 신심을 알아보는 데 쓰는 회합이 되어야 하는데, 최근에는 그 신심이라고 하는 것은 일찍이 시비를 알아보는 데 미치지 못한 사이 이루 말할 수 없이 한심해지고 있다. 필경 지금부터는 회합의 좌

중을 단단히 하여 신심을 알아보아야 한다. 이는 진정한 왕생극락을 이루어야 할 이유이기 때문이다. 삼갈지어다. 삼갈지어다.(1473년의 글)

이 문장은 도량을 중심으로 하는 좌(座)의 성격이 변모한 데에 대한 비판인데, 그 중에서 "'세켄'의 평판만을 좇고 있다"고 한 점이 주목할 만하다. 적어도 렌뇨의 의식에는 좌란 세켄과 구별되는 것이라고 보고 있기 때문이다. 회합이나 협의가 본래 가진 종교적 목적을 잃고 세속화하고 있음을 보여준다. 고(講)는 각지에서 후쓰카고(二日講), 이쓰카고(五日講), 무이카고(六日講)와 같은 형태로 조직되었는데, 마을의 문도인 농민들에 의한 동족적 결합이 아니라, 혈연을 뛰어넘은 지연적 결합체였다고 한다. 더욱이 이 지연적 결합이라는 것도 각 마을의 결합이 아니라 촌(村)이나 향(鄕)을 초월한 광대한 지역에 이르는 것이었다. 고를 조직한 문도들에게도 나중에는 계층적 질서가 생겼지만, 본래 아미타 앞에서는 모두 평등하다는 관념을 공유하고 있었다고 한다. 이처럼 문도들이 촌이나 향을 초월한 조직을 갖게 된 배경에는 장원제(莊園制) 붕괴에 따른 향촌제(鄕村制)의 성립과 농민의 총체적 결합이 있었다.

신란의 제자들이 만든 특이한 집단

신란의 제자들이 자신들의 제자를 육성하고 그 제자가 다시 제자를 육성하는 형태로 많은 문파가 생겼다. 스승이 제자에게 본존(本尊)과 스승의 인감이 들어간 성교(聖敎)를 전함으로써 사제 관계가 성립하는 것이다. 히다〔飛驒 : 일본 기후현(岐阜縣)의 북부 — 옮긴이〕 지방에는 이들에 대해 훌륭하게 묘사한 내용이 남아 있다.

세속인이면서 마을에 사망자가 있으면 장례를 담당하는 승려가 되어 장례를 치른다. (중략) 비판하다가도 어떤 마을에서든 혈통 있는 장백성(長百姓)으로서 많은 전답을 가지고 있고 세속인이기는 하지만 출가만 하면 다시 학문을 닦고 경문(經文)을 읽으며 형상물체필산(形狀物體筆算)까지 갖추지 않으면 사람들도 귀복하지 않아 수도하기가 어렵다.(『筴埃隨筆』)

그들은 마을에서 상당히 힘 있는 백성이었으며, 나누시(名主)·구미가시라(組頭)·소다이(惣代)와 같은 마을의 간부직을 담당했다. 성교(聖敎)는 스승의 말씀에 어긋난 언행을 했을 때에는 회수되었다(일방적으로 회수해갔다). 그러나 스승은 반드시 절대적인 권위를 가지고 있었던 것은 아니다. 본존이나 성교를 회수할 때에는 종도(宗徒)의 회의와 결정이 필요했다. 문도들은 스스로 의결권을 가지고 있었던 것이다. 그러나 곧 혼간지(本願寺)의 통제가 강화되면서 파문(破門)·견책이 이루어져, 견책당한 자는 사실상 마을에서 따돌림을 당했다. "세켄에 사는 사람, 세상을 그르치다. 당(當) 문파 안으로 찾아가 몸을 숨기는 것이 나을 것이다. 당주(當主)도 문도들도 당 문파를 그르치면 현세도 내세도 취하지 못한다"(『本願寺跡書』)」, 규정을 어기면 죽을 수조차도 없는 것이다.

여기에서 주목해야 할 점은 문도의 장례식에는 사찰이 아니라 도량주(道場主)가 장례 주관자가 되었다는 점과, 신사(神社)는 정토진종의 문도들이 있는 지역에서 그 영향력이 미미한 존재였다는 점이다. 이처럼 문도들의 지역에서는 단단한 신앙으로 독자적인 조직과 관습을 형성하고 있었던 것이다. 견책권이 혼간지 법주(法主)에게 있었던 점은 내세왕생의 허가권 또한 법주의 손에 있었음을 의미한다. "어떤 큰 죄를 지은 자라도 혼간지 방주(坊主)의 용서만 있으면 성불할 수 있다고 하여, 사죄를 하고 이를 후세의 면죄부로 하여 다음 생을 용서받으면 성불할 수 있다고 했다."(『本願寺作法之次第』)

현세뿐만 아니라 내세의 운명에 대한 확신으로 유지된 이 집단은 일본에 있던 집단 가운데에서도 걸출한 존재들로서, 특히 잇코잇키〔一向一揆: 정토진종은 일향종(一向宗)이라고도 부른다. 일본 전국시대(戰國時代)에 이들 문도들이 중심이 되어 일으킨 봉기 ― 옮긴이〕나 햐쿠쇼잇키〔百姓一揆: 에도 시대(江戶時代), 햐쿠쇼(百姓)들이 중심이 되어 일어난 반(反) 영주 투쟁 ― 옮긴이〕 때에 커다란 힘을 발휘했다. 메이지 시대 이후 그러한 특색은 점점 퇴색되었으나 일본 역사 속에서 문도 집단이 만들어낸 새로운 인간관계에는 무시할 수 없는 특징이 존재한다. 이미 몇 번이나 강조했듯이, 이들은 마계(魔界)나 원령(怨靈)을 믿지 않고 독자적인 형태로 합리적 생활양식을 만들어냈다. 그러한 의미에서 일본의 혼령 신앙에 결정적인 일격을 가했다고 할 수 있다. 이들도 나중에는 그들 나름대로 '세켄'을 형성해가지만, 초기에는 이른바 '세켄'에 대해 자신들의 고(講)나 조직을 의식적으로 별개 존재로 만들고자 했던 것이다. 이는 일본의 '세켄' 역사 속에서 아주 새로운 사건이었다. 이와 같은 관점에서 정토진종 교단의 역사는 새롭게 기록될 필요가 있다고 생각한다.

제4장
'세켄'에서 역사가 차지하는 위치

'세켄'과 역사

지금까지 살펴본 '세켄'에서 역사는 어떠한 위치를 차지하고 있을까? 『일본영이기』의 세계에서는 증여·상호보답 관계와 인과응보 원칙이 인간과 인간 사이뿐만 아니라 전생과 내세, 동식물이나 천체(天體)와의 관계에서도 적용되었다. 천재지변이나 역병도 좁은 의미의 '세켄'에 사는 인간을 외부에서 위협해오는 존재로서, 공양물을 바쳐 위로할 필요가 있었다. 그러한 의미에서 역사 역시 한편으로는 위협을 가해오는 외부의 존재로 인식되었을 것이다. 그러나 역사는 좁은 의미와 넓은 의미의 '세켄' 안에서도 시작된다. 몽고가 일본을 침입한 것이 후자의 예일 것이다. 그리고 일본 국내의 정치 투쟁은 전자의 예가 될 것이다. 이 두 경우 모두 그 영향이 세켄 속에 남아 있다면 그 사건은 역사로 기억된다. 그 영향이 세켄 속에서 사라지면 그 사건은 역사에서도 사라지고 마는 것이다.

역사라고 할 때, 천황가의 역사나 귀족 가문의 역사가 세인들의 입에 오르내렸다 하더라도, 그것은 넓은 의미와 좁은 의미의 '세켄'과 관련되었을 경우에 한하며, 그 외에는 그저 이름에 불과하다. 넓은 의미의 '세켄'이건 좁은 의미의 '세켄'이건 역사를 그 내부로 끌어들이지는 않는다. 기껏해야 원령(怨靈)이 왜 발생했는지 알아보기 위해 다소 시간을 거슬러 올라가는 정도로, 그것도 넓은 의미의 '세켄' 범위 안에서 일어난 사건인 것이다. 역사는 원령과 달리 위로의 대상이 되지는 않았던 것이다.

신란과 역사

그러면 신란이 주술을 부정했을 때, 증여·상호보답 관계는 어떻게 되었을까? 증여·상호보답 관계는 주술을 전제로 하므로 주술을 부정하면 그 관계는 성립하지 않는다. 전수염불(專修念佛)의 세계에서는 염불을 하는 것만으로 왕생극락이 약속된다. 이는 증여·상호보답 관계가 갖는 극한의 모습이다.

두말할 것도 없이 『교교신쇼』에 많이 인용된 경전들은 역사 속에서 남겨진 것이기는 하지만, 신란은 이 경전들을 처음 제작된 모습 이외의 관점에서 살펴보는 데는 관심이 없었다. 그러나 신란은 히타치 지방의 시골 논바닥에서 기아로 고통받고 있는 농민들 옆에서 『교교신쇼』의 초고를 집필할 때, 역사를 생각하지 않을 수 없었다. 『교교신쇼』의 마지막에 신란은 정토진종의 역사를 기록했는데 그 내용은 대략 다음과 같다.

조용히 생각을 해보면, 성도(聖道)의 가르침은 수행도 깨달음도 이미 얻지 못하게 된 지 오래되어, 정토의 진종이 깨달음을 여는 도(道)로서 지금 크게 유행하고 있다. 그런데 사찰의 승려들은 가르침에 어둡고 가르침에 참과 거짓의 차이가 있음을 모르고 있다. 또한 도성에 있는 학자들도 수행함에 어찌할 바를 몰라 하며 그 도(道)에 정(正)과 사(邪)의 구별이 있음을 알지 못한다. 이리하여 결국 고후쿠지(興福寺)의 학승(學僧)들은 태상 천왕과 달리 금상 천황의 치세인 쇼간(承元) 원년 정묘년 2월 상순에 상주하였다.

천황과 신하 모두 진실한 가르침에 등을 돌리고 사람의 도리를 거슬러 분노를 낳고 원망을 품게 하였다. 그리고 그 때문에 정토의 진종을 일으킨 태조 겐쿠〔源空, 호는 호넨(法然) — 옮긴이〕법사와 그 제자 몇 명이 죄를 지었는지 여부를 묻는 재판도 없이 멋대로 사형되거나 승려의 신분을 빼앗겨 속명을 받고 먼 곳으로 유배되었다. 나 역시 그 중 한 사람인데, 이렇게 된 이상 이제 승려도 아니고 그렇다고 속세인도 아니다. 그래서 이후 나는 도쿠(禿)라는 글자를 성(姓)으로 삼았다. 겐쿠 법사와 제자들이 여기저기 멀리 떨어진 곳으로 유배된 지 이제 5년이라는 시간이 지났다.

그리고 황제의 치세인 겐료쿠(建曆) 원년 신미년 11월 17일, 겐쿠 법사는 천황의 용서를 받고 상경하여, 이후 도성의 히가시야마(東山) 서쪽 기슭, 도리베노(鳥部野)의 북쪽 주변, 오타니(大谷) 땅에 거처를 마련하셨다. 겐료쿠 2년 임신년 정월 25일 정오에 입적하셨는데, 임종 때의 불가사의한 상서로운 모습에 대해서는 하나하나 손으로 다 꼽을 수가 없다. 스승님의 「별전」(別傳)에 나와 있다.

그런데 우독석(愚禿釋)인 신란은 겐닌(建仁) 원년 신유년, 당시까지 자력으로 해오던 잡행을 버리고 본원(本願)으로 돌아가, 겐큐(元久) 2년 을축년,

스승 겐쿠 법사의 각별한 허락을 얻어, 스승의 저서 『선택집』(選擇集)을 필사하였고, 같은 해 4월 14일, 『선택본원염불집』(選擇本願念佛集)이라는 내제(內題)와 '나무아미타불, 정토에 태어나기 위한 행위는 염불을 그 근본으로 한다'(南無阿彌陀佛 往生之業 念佛爲本)는 문장, 그리고 내 이름인 '석작공'(釋綽空)을 겐쿠 법사가 친필로 써주셨다. 그리고 같은 날, 스승의 화상(畵像)을 빌려 이를 옮겨 그리게 하였는데, 같은 해 윤 7월 29일, 완성된 화상에 자필로 '나무아미타불'과 '만약 내가 성불을 하면 모든 사람이 내 이름을 칭송하여 그것이 겨우 열 정도밖에 되지 않는다 하더라도 성불을 하고 싶다. 만약 성불하지 못한다면 나는 석가가 되지 못할 것이다. 그 석가는 지금 현실에 석가가 되어 오신다. 그래서 석가의 본원은 결코 허망한 것이 아니고, 사람은 칭명염불(稱名念佛)할 때 반드시 정토에 태어날 수 있다고 알고 있다'(若我成佛十萬衆生 稱我名號下至十聲 若不生者不取正覺 彼佛今現在成佛 當知本誓重願不虛 衆生稱念必得往生)는 진실한 말씀을 적어주셨다. 또한 꿈에서 들은 언질에 따라 작공(綽空) 글자를 고쳐 같은 날 자필로 다른 내 이름 글자를 적어주셨던 것이다. 본사성인(本師聖人)은 그 해 73세였다.

『선택본원염불집』은 간파쿠(關白) 구조 가네자네(九條兼實)의 요청으로 저술한 것이다. 정토진종의 간단한 요점과 염불의 속뜻이 이 안에 수록되어 있다. 이를 보는 사람은 쉽게 본원의 마음을 깨달을 수 있다. 참으로 세상에 드문 정말 훌륭한 문장이며 이보다 더 좋을 수 없는 의미 깊은 보전(寶典)이다. 오랜 세월을 거쳐 스승님의 깨달음을 접한 사람은 수만 명이나 되지만, 멀고 가까운 차이가 있으나 이 서책을 보고 필사할 수 있는 자는 문도 중에서도 극히 적다. 그런데 나는 이미 성인의 저서를 필사하였고 그 화상까지 그러놓았다. 이는 오직 염불을 행해온 덕이며, 반드시 정토에 태어나리라는 징조이다.

그러므로 슬픔과 기쁨의 눈물을 참으면서 여기까지 이르게 된 유래를 기록으로 남긴다.

이 얼마나 경사스러운 일인가. 지금 나는 마음을 넓디넓은 본원이라는 대지에 세우고, 생각을 불가사의한 진실의 바다에 맡긴다. 여래의 깊고 넓은 자비를 알고, 스승의 가르침에 대한 두터운 은혜를 우러러, 기쁨은 더욱 커지고 은혜를 갚고 싶은 생각은 더욱 무거워짐을 느낀다. 그래서 지금 여기에 진종(眞宗)이 돌아갈 바를 골라, 정토(淨土)의 가르침에 대한 요점을 모았던 것이다. 다만 석가의 깊은 은혜를 생각하는 것만으로 세인들의 조롱을 받더라도 부끄럽지 않다. 만약 이 책을 접하는 사람은 신뢰의 마음을 인(因)으로 하고, 때로 의심하고 비방하는 사람이 있더라도 이것이 연(緣)이 되어, 함께 본원의 힘에 따라 신심(信心)을 열고 안양정토(安養淨土)에 석가의 깨달음을 열게 될 것이다.

『안락집』(安樂集)에 이르기를 "진실한 말씀을 모으고, 도와서 정토에 태어나는 공덕을 닦게 하고 싶다. 왜냐하면, 먼저 태어난 자는 나중에 오는 자를 이끌고, 나중에 태어난 자는 먼저 태어난 사람을 찾아, 이것이 끊임없이 계속되어 끊어지지 않도록 하고 싶기 때문이며, 끝없는 생각의 바다를 다 말라버리게 하고 싶은 생각 때문이다"라고 했다.

그러므로 세인의 출가(出家)나 재가(在家)도 우러러 믿고 공경해야 한다. 이를 명심하면 좋을 것이다.

『화엄경』은 다음과 같이 이른다.

갖가지 수양을 함에

보살을 보며 실수하고

선·악의 마음 일어도

보살들은 모두 구원되리.(『親鸞全集』 제2권, 494~498쪽)

「어소식집」(御消息集)

이 「어소식집」에는 신란이 자력으로 하던 잡업(雜業)을 버리고 본원(本願)으로 돌아가고 싶다는 편지글이 담겨 있다. 머리글에서 당시 불교 세계의 타락한 모습을 개탄하며 "천황도 신하도 모두 진실한 가르침에 등을 돌리고 사람의 도리에 어긋난 행동을 하여 분노를 낳았다"고 서술했다. 그 결과, 겐쿠 법사와 신란은 죄인이 되어 유배를 당했다. 승려로서 신분도 상실하여 승려도 아니고 속세인도 아니라며 스스로 도쿠(禿)라고 부르고 죄인으로 처신했다. 나는 여기에 신란이 역사와 관련되는 원점이 있다고 생각한다. 여기에서는 젊은 시절에 국가에게 받은 탄압을 상기하고 있는데, 그 상황은 말년에도 변하지 않았다.

그는 간토(關東) 지역의 지토(地頭)나 나누시(名主)와 같은 무가(武家)들에게 탄압을 받고 있었으며, 이에 대해 「어소식집」에서 다음과 같이 서술했다. "그러한 인연이라면, 어떤 곳이라도 옮기라고 하시면 섬겨야 한다. 자비롭고 믿음직한 스님이 덮어줄 것을 부탁하고 싶어하니, 이보다는 내 사람을 강한 인연으로 보고 염불을 확산시키려 덮어주는 것, 이는 추호도 덮을 수 없는 일이고 너무나 도리에 어긋나는 일이다."(『親

鸞聖人御消息集」,『親鸞全集』제4권, 401쪽)

　염불을 확산시키기 위해 이들 무가들에게 의존해서는 안 된다고 엄하게 타이르고 있다. 젊은 시절부터 말년에 이르기까지 신란은 국가나 지배자들과는 인연을 멀리한 채 포교 활동을 했다. 그러한 자세는 조금도 바뀌지 않았다.

　역사라고 하면 사람들은 천황가나 귀족층의 역사, 또는 서민의 역사를 생각할 것이다. 중국에 이와 같은 예가 있으므로, 일본에서도 이를 본떠 역사를 기록하려는 사람들이 있었다. 그러나 신란에게는 그러한 역사를 기록할 생각이 전혀 없었다. 그가 바라보고 있던 것은 서민 생활의 고통이었으며 그 서민들이 구원받을 가능성이었다. 여기에 눈을 두고 전수염불(專修念佛) 세계를 제시한 신란은 "이 얼마나 경사스러운 일인가. 지금 나는 마음을 넓디넓은 본원이라는 대지에 세우고, 생각을 불가사의한 진실의 바다에 맡긴다. 여래의 깊고 넓은 자비를 알고, 스승의 가르침에 대한 두터운 은혜를 우러러, 기쁨은 더욱 커지고 은혜를 갚고 싶은 생각은 더욱 무거워짐을 느낀다"(『親鸞全集』 제2권, 497쪽)고 서술했다.

　역사를 단순한 시간의 흐름 정도로 보는 안이한 역사관에 신란은 시원한 일격을 가했던 것이다. 두말할 필요도 없이 역사는 시간의 흐름 속에 있지만, 그 속에서 사람들이 어떻게 살아가는지, 그것을 관찰하는 사람인 자신은 어떻게 살아야 하는지를 묻는 자세를 가지는 데에 역사를 기록하는 이유가 있다. 특히 권력자들에게 어떻게 처신해야 하는가 하는 점에 역사의 근원이 있다고 할 수 있을 것이다. 신란의 입장은 '世

間虛假唯佛是眞'이었다(『上宮聖德法王帝說』, 花山信勝·家永三郞 校譯, 岩波文庫, 82쪽). 이 짧은 문장의 의미는 분명하다. 정법(正法), 상법(像法), 말법(末法), 이 모든 시대를 시종일관으로 살고자 하는 신란의 자세는 역사를 배우는 자에게 중요한 점을 가르쳐준다. 역사는 단순한 시간의 흐름이 아니라는 점을 가르쳐주고 있다고 보아도 좋을 것이다. 역사 속에서 어떻게 살아갈지를 묻고 있는 것이다.

'세켄'에서 역사가 차지하는 위치를 살펴보고자 '세켄'을 넘어서는 것에 대해 알아보았다. 문제는 뛰어난 인간 한 사람이 보여준 삶의 방식이 아니다. '세켄'을 사는 사람들의 역사의식인 것이다. 여기에서 다시 '세켄'으로 돌아가 살펴보자.

제5장

'세켄'의 세속화

'세켄'에 연연하지 않는 상인의 탄생

1052년을 말법 세계(末法世界)의 시작으로 보았으나 가마쿠라 불교(鎌倉佛敎)가 발흥하는 것은 그로부터 200년 정도 시간이 흐른 뒤의 일이다. 그 무렵 이미 정토 신앙을 신봉하는 수많은 신도들이 활동하고 있었다. 염불권진(念佛勸進)하는 신도들의 활동은 일본 전국에 미쳤으며 화폐 경제 역시 전국적 규모로 전개되고 있었다. 그 한 예로 후지와라노 아키히라(藤原明衡 : 989~1066년)의 『신사루가쿠키』(新猿樂記)를 살펴보자. 여기 제27에 '하치로(八郎)의 진인(眞人), 상인'이라는 구절이 있다.

> 하치로의 진인은 상인의 우두머리이다. 장사 이익만을 중시하여 처자식 일도 나 몰라라 하고, 자신만 소중히 여기며 타인을 돌아보지 않는다. 하나를 자본으로 만 가지 이익을 만들어내며 흙덩어리를 굴려 황금으로 만드는 일도 어렵지 않게 한다. 감언이설로 타인의 마음을 빼앗아 어지럽히며, 모략을 꾀하여 타인의 눈동자를 어렵지 않게 빼어버릴 정도로 만만찮은 사람이

다. 필요하다면, 동쪽으로는 동북 지방의 미개척지인 에미시(蝦夷) 땅까지라도 갈 것이며, 서쪽으로는 규슈에서도 멀리 떨어진 기카이가시마(喜界島)까지 배를 띄울 것이다. 교역을 위한 물품, 장사 물자는 넘쳐나 일일이 다 셀 수가 없을 정도이다.(『新猿樂記』, 山口久雄 역주, 東洋文庫, 1983년)

지금 생각해보면 그다지 넓은 범위라고 할 수는 없지만, 이 무렵부터 후지와라 집안을 통해 동북 지방의 금과 말이 교토로 들어가게 되었고, 하카타(博多)를 통해 송전(宋錢)이 다량으로 수입되어 일본 전국이 화폐경제 체제로 들어갔다. 이와 같은 배경 속에서 가마쿠라 불교가 태어나게 된 것이다. 그 중에서 신란을 중심으로 한 정토진종 집단에 대해 앞에서 살펴보았는데, 정토진종의 신도들이 '세켄'의 주술성을 부정했다면, 화폐경제의 시각에서 '세켄'을 다시 장악한 것은 상인들이었다. 이미 이 무렵부터 일본 전국에 상인의 활약이 눈에 띄는데, 여기에서 묘사하는 것은 지금도 있을 법한 상인의 전형이며, 이들 상인은 '세켄'의 평판 따위는 전혀 신경을 쓰지 않는다.

『쓰레즈레구사』(徒然草)의 복 많은 부자

『쓰레즈레구사』 제217단(段)에 복 많은 부자 이야기가 나온다.

어느 복 많은 부자가 말하길, "사람들은 만사를 제치고 오로지 부덕(富德)을 쌓아야 한다. 가난해서는 사는 보람이 없다. 부유함만이 사람을 만든다. 덕을 쌓고자 한다면, 모름지기 먼저 그 마음 씀씀이를 수행해야 한다. 그 마음이란 것은 다른 데 있는 것이 아니다. 인간의 일상적인 생각 속에 살아 있어 적어도 무상함을 알게 되는 일은 없다. 이것이 제일 경계해야 함이다.

다음으로, 만사를 다 이룰 수는 없다. 인간 세상에 있는 내 것 네 것 원하는 것은 끝이 없다(所願無量). 욕심을 부려 뜻을 이루고자 한다면, 백만금이 있다고 해도 잠시도 머물러서는 안 된다. 원하는 바는 멈출 때가 없다. 재물은 그것이 다하는 때가 있다. 한계가 있는 재물을 가지고 한계가 없는 바람에 따르는 일, 다 얻을 수 없다. 자꾸 바라는 마음이 싹틀 징조 있고, 자신을 망칠 나쁜 생각 든다면, 엄중히 삼가고 조심하여 작은 것까지도 행해서는 안 된다.

다음으로, 돈을 함부로 써도 된다 여긴다면, 오랫동안 가난의 고통에서 벗어날 수 없다. 임금이나 신처럼 두려운 대상으로 여겨 마구 쓰지 않는다면, 이 다음에 창피한 일이 있을지는 모르나 화나고 원망하는 일은 없을 것이다.

다음으로, 정직하고 약속을 잘 지켜야 한다. 이 도리를 지키고 이익을 구하는 사람은 부(富)가 찾아오는 일, 불이 마른 장작에 붙듯, 물이 흘러가듯 이루어질 것이다. 돈이 쌓여 다 쓰지 못할 때는 마시거나 색을 밝히는 데 쓰지 말며 집을 꾸미려 말고, 원하는 바를 이룰 수 없다 하더라도 마음은 영원히 편안하고 즐거울 것이다"라고 하였다.(『徒然草 4』, 講談社 學術文庫, 1982년, 三木紀人 역주, 이하 같음)

이 이야기는 어느 재산가의 말을 인용한 것이다. 이 재산가는 먼저

'사람들은 만사를 제치고 오로지 부덕(富德)을 쌓아야 한다. 가난해서는 사는 보람이 없다. 부유한 자만이 사람이라는 이름이 어울린다. 부를 얻고자 한다면 먼저 정신 수양을 해야 한다. 그 정신이란 다른 것이 아니다. 이 세상은 영원히 변하지 않는다는 생각을 버리고 결코 무상하다고 체념해서는 안 된다'고 말했고, 이어서 그 마음가짐을 설명하였다. 『쓰레즈레구사』의 작가인 겐코(兼好)도 이 말에는 상당히 공감한 듯하다.

'세켄'은 무상(無常)의 부정

여기에서 주목해야 할 점은 '결코 무상하다고 체념해서는 안 된다'고 설명한 내용이다. '세켄'이 무상하다는 것은 『만요슈』 이래 문학 작품 속에 계속 반복해 등장해온 사항이다. 그것이 여기에 이르러 마침내 부정된 것이다. '세켄'에서 살고 있는 자는 무상하다고 말해서는 안 된다. 적어도 부(富)를 목적으로 한다면 아주 열심히 노력해야만 한다. 『쓰레즈레구사』 제93단에는 "만금을 얻고 한 푼을 잃은 사람은 손해 보았다고 말해서는 안 된다"는 내용이 나와 있으며, 제108단에는 "어리석고 게으름 피우는 사람을 위해서 한마디한다면, 일 원은 얼마 안 되는 돈이나 이를 중히 여기면 가난한 사람을 부자로 만들 수 있다. 그러므로 상인이 일 원을 아까워하는 마음이 간절하다"고 나와 있어, 화폐경제가 계속 확대되고 있었음을 보여주고 있다.

그러나 겐코는 이 점에 대해서 다음과 같이 말한다.

원래 인간은 바람을 이루기 위해서 재물을 찾는 것이다. 돈을 재산으로 보는 것은 돈으로 바람을 이룰 수 있기 때문이다. 바람이 있어도 그것을 이루지 못하고, 돈이 있어도 쓰지를 아니하면 가난한 자와 다를 바가 없다. 무엇을 낙으로 삼으면 좋겠는가. 그의 규범은 단지 세켄적인 욕망을 버리고 가난함을 고통으로 삼아서는 안 된다는 뜻으로 들린다. 욕망을 채워 즐거움으로 삼는 것보다는 재산이 없는 편이 낫다. 피부가 헐거나 종기가 나 앓는 사람이 환부를 물로 씻고 기분 좋아하는 것보다도 그 병에 걸리지 않는 편이 더 나을 것이다. 이 부자와 같은 삶의 방식에는 빈부의 구별이 없다. 불교에서 말하는 최고 깨달음의 경지와 가장 저급한 방황의 경지는 동일하다. 그와 마찬가지로, 큰 욕망은 무욕과 닮아 있는 것이다.(『徒然草』)

사이카쿠(西鶴)의 '세켄'

이 재산가의 말은 어떤 의미에서는 시대를 앞선 말로, 오늘날에도 통용될 수 있다. 이와 같은 금전 감각으로 작품을 저술한 사람이 이하라 사이카쿠(井原西鶴)이다. 그의 작품은 다양한 분야에 걸쳐 있는데, 먼저 『일본영대장』(日本永代藏)을 살펴보자. 1688년에 오사카에서 출판된 이 책은 사이카쿠가 저술한 첫 조닌모노〔町人物 : 도시에 사는 상인을 포함한 중인 계층인 조닌(町人)의 생활 모습을 소재로 다룬 작품 ― 옮긴이〕 작품으로, 부제는 '대복신장자교'(大福新長者敎)라고 되어 있다. 여기에서는 당시에 성공한 대표적인 인물을 소개하고 있다. 예를 들면, 권 1에 있는 '하쓰우마(初午)는 응해 오는 맞대응'에서는 어느 사찰에서 1관문(貫文)

을 빌린 에도(江戶)에 사는 해상운송업자가 에도에 돌아가서 그 돈을 어부들에게 빌려주어 13년째에 8,192관(貫)으로 불려 사찰에 돌려주었다. 또 권 1의 3에 있는 '파도와 바람을 잠재운 신통호(神通號)'에서는 기타하마(北浜)에서 남은 쌀을 주워 모아 20년 이상 지나자 12관(貫) 500목(目)을 모으게 되어 아들과 작은 환전상을 차렸고 결국 큰 환전상이 되었다는 이야기이다. 성공한 사람 이야기만 있는 것이 아니다. 권 1의 2에 있는 '2대째 주인에게 찢긴 부채바람'은 착실하고 꼼꼼한 2대째 주인이 유곽(遊廓) 여인의 편지를 주워, 그 속에 들어 있던 돈을 돌려주기 위해 시마바라(島原)까지 갔다가 결국 2,000관을 탕진하고 마는 이야기이다. 권 4의 4에 있는 '차(茶)의 십덕(十德)도 한 번에 모두'에서는 한 번 우려낸 차를 섞어 팔다가 한 번은 성공하지만 결국 몰락하고 만 이야기이다. 이 이야기들은 정직·인내, 깊은 생각과 알뜰함으로 성공하는 이야기이며, 실패한 경우의 이야기라도 사리에 맞지 않는 경우를 포함해 조닌의 성공이나 실패 논리를 다루고 있다.

그리고 『세켄흉산용』(世間胸算用)은 1692년에 간행되어 한 해의 최종 결산날인 섣달그믐날 상인의 움직임을 따라가본 내용이다. 섣달그믐날을 어떻게 해서든지 무사히 넘겨보려는 상인의 모습을 통해 경제 논리가 지배하는 가운데에서도 인간답게 살려는 사람들의 모습을 그렸다. 섣달그믐날을 어떻게 해서든 넘겨보기 위해 있는 돈을 긁어모아 외상 없는 요릿집에 가서 지내려고 하는 남자가 있었다. 아내가 산통(産痛) 중이라고 거짓말을 하지만 요릿집에서는 이미 다 알면서도 손님의 거짓말에 보조를 맞추어주었다. 한 여자가 자기 나이가 열아홉 살이라고 하는데, 이 남자 기억으로는 그 여자를 20년 전에도 만난 적이 있었다. 손님의 거짓말과 여자의 거짓말이 섣달그믐날을 장식한다. 이때 여자의 어머니가 찾아와 돈을 달라 조르고, 남자는 없는 돈까지 털어내야만 하는 처지가 되었다. 마지막에는 빚쟁이까지 나타나 모든 것을 빼앗기고 만다. 이 이야기는 권 2의 2에 있는 '사투리도 허투루 듣지 않는 여관'에 나오는 이야기이다. 권 2의 4에 있는 '문기둥도 모두 빚인 세상'에서는 미친 척하며 닭의 목을 잘라 빚쟁이를 돌려보낸 남자가, 빌려준 돈 대신에 문기둥을 도로 가져가겠다는 목공소의 견습공의 협박을 받자 부부싸움을 해 그 견습공을 돌려보내며 빚쟁이를 쫓는 기발한 방법을 터득한다. 얼마 지나지 않아 이들 부부는 싸움꾼으로 유명해진다는 이야기이다. 권 5의 3에 있는 '헤이타로 도노'(平太郞殿)에서는 명절날 밤에 정토진종의 사찰에서 신란 성인(親鸞聖人)의 제자로 신부쓰(眞佛)라는 이름을 가진 헤이타로의 업적을 칭송하는 모임이 있었는데, 그때의 이야기이다. 모인 신자는 세 명뿐으로, 그 중 한 노파는 아들의 가게가 도산 직전이었는데 그 아들이 절에 다녀오라는 말에 따라 절에 왔는데 노파가 절에 있는 동안 아들은 어머니가 없어졌다고 난리를 쳐서 빚쟁이를 벗어나려고 한다고 말한다. 다른 남자 신자도 집에 있으면 빚쟁이에게 살해될 것 같아 절에 와서 눈 속에서도 신을 수 있는 신발을 훔쳐 술값으로 하려고 절에 왔다고 고백한다. 세 명 모두 갈 곳이 없어서 절을 찾아왔던 것이다. 세 사람의 이야기를 들은 주지 스님이 속세의 고충을 개탄할 때, 절에도 소동이 일어나 주지 스님도 허둥대지 않을 수 없었다.

'세켄'은 신(神) — 『사이카쿠쇼코쿠바나시』(西鶴諸國ばなし)

사이카쿠는 부를 축적하는 수많은 이야기를 글로 묘사했는데, 항상 합리적으로 부를 축적해야 한다고 주장했다. 이유 없는 갑작스런 부의 형성은 좋지 않은 것으로 부정되었다. 젊을 때에는 한눈팔지 말고 지혜와 재주를 발휘해 근검하고 힘써 행하며 가업에 힘쓰고 일을 잘 처리하여 돈을 모아 후계자를 육성하고, 노후에는 은퇴하여 유유자적하며 신사(神社)나 사찰 참배를 하면서 보내는 것이 당시 상인의 이상이었다. 부를 축적하는 일은 긍정하지만 평균치를 넘어선 부는 좋지 않다고 보는 시각이 사이카쿠의 글에서 모든 이야기의 배경이 된다. 이는 "평균에서 일탈한다는 일에 대한 공포는 사이카쿠가 저술한 치부담(致富譚)의 배후에 늘 있었다"고 평가를 받는 이유이다.

다음으로 『사이카쿠쇼코쿠바나시』를 살펴보자. 권 1의 4에 있는 '우산의 신탁(神託)'에서는 기슈[紀州:일본 와카야마현(和歌山縣)과 미에현(三重縣) 일부 지역 — 옮긴이]의 가케즈쿠리 관음(掛作觀音)에게 바친 우산이 돌풍으로 말미암아 히고국[肥後國:일본 규슈의 구마모토현(熊本縣) — 옮긴이] 아나사토(穴里)까지 날아갔다. 아나사토는 외딴 마을로, 이 마을의 교활한 남자가 이 우산을 이세나이구(伊勢內宮)의 신이라고 주장하며 사당을 세워 숭배했다. 그러자 우산에 알 수 없는 기운이 감돌면서 아름다운 처녀를 바치라는 명을 내렸다. 남자와 잠자리를 함께해본 경험이 없는 처녀들이 우산이 변한 모습(남근)에 무서워하자, 요염한 과부가 그들 대신에 밤새도록 기다렸으나 아무 일도 없자 그 과부는 화를 내며 우산을 부러뜨려버렸다.

  이 이야기는 민속의 신을 끌어내려 서민의 욕망 앞에서 무너뜨린 이야기이다. 일찍이 『일본영이기』에서 사람들의 일상생활을 지배하던 신이 여기에서는 완전히 힘을 잃고 있다. 사이카쿠는 이 책의 서문에서도 "사람은 요물, 세상에는 없는 것이 없다"고 언급했듯이, 요괴나 신이 아니라 인간이야말로 가장 흥미로운 존재라고 보았던 것이다. 신의 세계도 상대화해 본 것이다. 그러나 신 그 자체는 단지 모습을 감추고 있는 것으로, 신이 사라졌음을 말하는 것은 아니다. 사이카쿠가 보는 세켄 속에서 신은 나타났다 사라졌다 한다. 세켄 속에서 살아가는 사람은 모든 면에서 균형을 잡으며 살아가야만 한다. 이른바 세켄이 신인 것이다. 세켄은 분명 세속화했다. 그러나 세켄 그 자체가 신의 위치에 서 있다고 말할 수도 없다. 이러한 세켄 속에서 살아온 사람들은 역사 그 자체에는 거의 관심이 없었다.

포틀래치(potlatch)와 같은 의식(意識) — 『가나조시』(仮名草子)

사이카쿠 이전부터 이미 세켄 속 의리에 관한 일화들이 있었다. 『가나조시』에 '칠인(七人) 비구니' 이야기가 있다. 도도인(東洞院)의 기생인 시라기쿠(白菊)는 스승인 겐추(顯忠)라는 가인(歌人)과 사랑을 굳게 약속한 사이였는데, 겐추가 고향으로 돌아간 뒤 미노국(美濃國) 슈고다이(守護代)의 아들인 도키 도시아키의 사랑을 받게 되어 함께 미노국으로 갔다. 겐추가 돌아와서 시라기쿠가 미노국으로 간 것을 알고 매우 슬퍼했다. 이를 알게 된 도시아키는 시라기쿠를 겐추가 돌아와 있는 교토로 보냈다. 겐추는 "도코쿠(東國) 지방 사람, 이처럼 의리〔志〕 있으니, 헤어져서는 안 되는 이별이었음을 깨달았다 한들 가지 않았을까. 도코쿠의 꽃을 남기고 교토를 생각하는 그 마음은 새라면 비익조(比翼鳥)요, 나무라면 연리지(連理枝)이나, 어찌 만날 수 있겠는가"라는 노래를 지어 만나지 않았다고 한다. 사쿠라이 쇼타로(櫻井庄太郎)는 이 이야기를 포틀래치(potlatch: 북미 북서안 인디언 사이의 선물 분배 행사 — 옮긴이)와 같은 것이라고 했다.

포틀래치란 증여·상호보답 관계 속에서 성립하는 증여와 답례, 급부와 반대급부의 극단적인 형태이지만, 이 이야기를 포틀래치적이라고 보아도 무리는 없을 것이다. 그러나 증여·상호보답 관계의 일환이라는 것만으로는 뭔가 석연치 않은 점이 남는다. 여자의 마음이 무시되고 있기 때문이다. 그렇지만 증여·상호보답 관계에서 여자라는 존재는 물건과 그다지 다르지 않았기 때문에 그렇게 말할 수도 있을 것이다. 하지만 이 여자는 울고 있으며 그 점이 마음에 걸린다. 의리를 좀더 넓게 해석하면, 사쿠라이처럼 해석할 수 있을 것이다.

사이카쿠의 『무가의리 모노가타리』(武家義理物語)의 권 1의 2에 '무사마귀는 옛 모습 그대로'라는 이야기가 나와 있다. "메이치 주베(明智十兵衛)는 한 처녀와 11세 때 약혼하고 7년 뒤에 혼인하기로 했다. 그런데 그 처녀는 천연두를 앓아 용모가 완전히 달라져 추녀의 모습으로 변했다. 처녀는 자신을 대신하여 동생을 주베에게 시집보내고 자신은 비구니가 되려고 했다. 주베는 동생에게 무사마귀가 없는 것을 보고 자신의 약혼 상대가 아니라는 것을 알고 동생을 편지와 함께 돌려보냈다. '앞서 혼인하기로 한 사람은 언니이다. 난병(難病)은 세상 어디에나 있는 것. 아무리 옛 모습이 아니라 하나 약속대로 혼인합시다. 이 목숨 다하더라도 부부가 되기를 소망하는 바입니다'" 했다는 이야기이다. 사쿠라이는 이 이야기를 계약으로 보았다. 의리에 계약적인 요소가 있음은 분명하다. 이와 같이 의리를 지키지 못한 경우 '세켄'의 평판을 부끄러워해야 한다고 했다.

사회계약적 의식 ―『신주텐노아미지마』(心中天の網島)

지물포를 하는 야베에(治兵衛)는 고하루(小春)라는 기생과 깊은 사이가 되었는데, 돈이 궁색해진 고하루의 고용주는 둘 사이를 갈라놓았다. 야베에는 고하루에게 함께 자살〔신주(心中)〕하자고 제안하고 고하루도 이를 받아들였다. 야베에의 아내인 오산은 고하루에게 편지를 보내어 야베에와 헤어져달라고 부탁했다. 고하루는 "몸과도 목숨과도 바꿀 수 없는 분이지만, 맺을 수 없는 의리이니 단념하리라"고 답장했다. 얼마 뒤 야베에는 고하루가 자신의 연적에게 도움을 받아 기적에서 빠진다는 말을 듣고 분한 마음에 이를 악물고 있었는데, 아내인 오산은 이 말을 듣고 고하루가 죽음을 각오하였음을 간파해 자기 옷과 아이들의 옷까지 저당 잡혀 고하루의 죽음을 막아보려 했다. 그러나 일이 잘못되어 야베에와 고하루는 함께 죽음을 맞이하고 말았다.

오산은 고하루에게 남편과 헤어질 것을 부탁했고 고하루는 이에 야베에와 헤어지려고 했다. 나중에 오산은 고하루가 연적의 도움을 받아 기적에서 빠진다는 소문을 듣고 "고하루를 죽게 내버려둔다면 같은 여자로서 의리가 아니다" 하며 돈을 구해 남편을 통해 고하루를 기적에서 빼려고 한다. 이에 대해 사쿠라이는 같은 여자 사이의 의리로 보고 이 관계를 포틀래치적이라고 보았다.

다른 한편으로, 고하루는 오산과 약속했음에도 결국 야베에와 함께 죽음을 선택했다. 그때 고하루는 오산과 약속을 지키지 못하게 되어 오산에게 의리 없는 사람이라고 비난당할까봐 괴로워하며 야베에와 다른 장소에서 죽음을 맞으려고 한다. 이에 야베에는 머리카락을 잘라, 이렇게 하면 승려와 마찬가지로 아내도 없는 것이니 고하루가 지켜야 할 의리도 없다고 했고, 고하루도 머리카락을 자른 다음, 마침내 두 사람은 다른 장소에서 죽음을 맞았다. 고하루는 야베에와 3년간 29장의 기쇼몬(起請文 : 약속이 진실이며 엄수하겠으며 어기면 모든 신과 부처의 벌을 달게 받겠다는 서약문 — 옮긴이)을 교환했으므로, 야베에가 함께 죽자는 제안을 했을 때 거절할 수 없었을 것이라고 한다. 사쿠라이는 이 관계도 역시 포틀래치적, 계약적 사회의식이라고 보았다.

현대에도 연인이 함께 죽음을 선택하는 신주(心中)는 여러 가지 형태로 모습을 바꾸면서 여전히 계속되고 있다. 이들 작품에서 말하는 의리라는 것은 '세켄'이 보는 범위 안에서의 의리이며, 사쿠라이가 말하는 것처럼 개인 대 개인의 의리처럼 보이지만, '세켄'이 그 관계를 최종적으로 단죄하고 있다는 의미에서 '세켄'의 의리인 것이다. 그러나 이와 같은 생활 태도를 뒤흔드는 일이 벌어졌다. 바로 메이지유신이다.

근대화와 이원적 사회의 형성

구미 선진국들은 이미 일본의 에도 막부(江戶幕府) 말기에 동남아시아와 중국에 본격적으로 진출했다. 메이지유신이 있은 뒤, 메이지 신정부는 식민지가 되지 않기 위해 모든 수단을 동원해야 했다. 식산흥업(殖産興業) 정책과 부국강병 정책을 기본으로 하면서 법치국가로서 체제를 정비해야 했다. 구미 선진국을 모델로 각 성청(省廳)을 설치해 정부 조직의 근대화를 추진했다. 여기에서 주목해야 할 점은 근대화가 모든 면에서 일률적으로 진행되지는 않았다는 점이다. 각 성청 설치는 비교적 순조롭게 진행되었지만 근대화할 수 없는 부분이 남아 있었던 것이다. 그것은 인간관계였다. 부모 자식 간의 관계와 주인과 하인 간의 관계는 변하지 않았으며 바꾸고자 하는 의지도 보이지 않았다. 이리하여 근대적인 각 성청 조직에서 일하는 사람들은 오랜 '세켄'이라는 체질을 그대로 간직한 사람들로 채워졌던 것이다.

'사회'와 '개인'이라는 번역어 탄생

메이지유신을 추진한 사람들은 구미 지역의 여러 모습을 직접 보고 경험하자, 구미의 여러 개념들을 번역해 일본 국내에 전파하려고 노력했다. 1877년에는 '소사이어티'(society)를 번역한 '사회'라는 용어가 생겼고 1884년에는 '인디비주얼'(individual)을 번역한 '개인'이라는 용어가 생겼다. 유럽에서는 개인이라는 개념이 생기고 나서 수백 년을 거치면서 그 용어가 실체를 갖게 되었는데, 일본에서는 불과 수십 년 만에 이 용어가 보급되었던 것이다. 유럽에서는 개인이라는 용어에 대한 사회나 국가의 저항이 많았고 이 용어가 대지에 뿌리를 내리기 위해서 수백 년이라는 시간을 필요했던 것이다. 일본에서 탄생한 개인이라는 용어는 '세켄'이라는 단단한 외피에 둘러싸여 있었기 때문에 유럽과 같은 국가나 사회의 저항 없이 수용되었던 것이다.

이리하여 일본은 메이지 시대 이후 근대화를 표방하면서 그 내부에 오랜 '세켄'이라는 인간관계를 안고 이중 표준(double standard) 사회를 형성했다. 여러 외국을 상대하면서도 근대화를 전면에 내세웠기 때문에 그 내부에 오랜 인간관계를 유지하고 있다는 사실을 감추었으며, 근대화를 표면적으로 내세운 사회에서 '세켄'을 전면에 내세우지 않은 채 살았다. 그런데 메이지유신으로 '세켄'도 전환기를 맞게 되었다.

교육칙어 발표

그 계기는 1890년의 교육칙어(敎育勅語) 발표였다. 처음에는 문명 개화를 목표로 개인의 '입신치산창업'(立身治産昌業)을 위한 지식이나 기술 습득을 중시하였으나, 자유민권운동(自由民權運動 : 메이지 정부의 천황제 정치에 기반을 둔 관료 전제의 근대화에 반대하여 국회 개설, 헌법 제정, 토지세 경감, 불평등 조약 개정, 지방자치를 요구한 정치운동 — 옮긴이)이 크게 고양되자 위기감을 느낀 정부는 이와 같은 자유민권운동이 다시 일어나지 않도록 교육 통제에 중점을 두려고 했다. 여기에서 말하는 교육이란 단지 학교 교육뿐만 아니라 어른들도 포함한 국민 교육을 의미한다. 두말할 필요도 없이 메이지 정부는 농촌의 향리와 관료를 기반으로 한 정부였다. 그렇기에 신정부인 메이지 정부는 도시에 만족할 만한 발판이 마련되어 있지 않았다. 여기서 주목할 점이 '세켄'이다.

'세켄'과 관련된 서적의 출판

그런데 '세켄'이라는 용어를 당시 어떻게 사용하고 있었는지 살펴보면, 매우 다양해 동일한 선상에서 다루기가 여간 어렵지 않다. 1881년에 출판된 『세켄에 절대 비밀』(世間ヘ極內證)은 츠루노야(鶴の屋) 발행으로, 편자는 다카하마 쓰네나리(高浜常業)이다. 그 내용을 살펴보면, '화족(華族)으로 교체된 반가시라(番頭 : 武家에서 여러 잡무를 담당하는 관리자 중 우두머리 — 옮긴이)의 내막'에서는 의복과 언행에서부터 주인이 무능하다는 핑계로 "한 사람이 독단으로 내린 결정에 사람들은 곤란하더라도 만년이라도 참을 수 있을 것이라고 아무렇지도 않아 하거나, 또는 취할 만한 것 하나 없는 개혁 규칙에 눈을 돌리는 것, 이 모든 것이 너무 싫다"고 말하는 반가시라에서부터 '옛날 은혜를 입은 주인의 신상이 몰락하니 뭐라 형언할 수 없으며, 남모르는 후견인으로 옛 주인의 미망인 침실에서 불의를 행하여 단물을 마시고 자신의 호주머니를 채운 뒤에는 뒷일은 나 몰라라' 하는 반가시라까지 행실이 나쁜 반가시라의 예를 들고 있다. '부부의 내막'에서도 아내 몰래 놀다 온 남편이 친구의 장례식에 다녀오느라 정말 힘들었다고 둘러대는데, 죽었다는 그 친구가 남

편이 없는 동안 집에 다녀갔다는 아내의 말에 모든 것을 들키고 만다는 이야기로, "여자는 아이를 일곱 낳더라도 마음을 놓지 말라"든가, "남자는 오다와라(小田原)에 이르더라도(즉, 일을 결정하였더라도) 마음을 놓지 말라"는 이야기가 여기에서 나왔다. '외국인의 내막'에서는 그 속을 들여다보면 외국인은 두려운 존재이며 이보다 더 두려운 존재는 없다고 하며 가장 두려운 것으로 외국 종교를 꼽았다. "일본의 종교는 신장대(종이 따위로 장식한 주술용 장대 — 옮긴이)를 메거나 염주를 돌리는 정도인데 외국의 종교는 사람의 마음을 편협하게 하고 종교를 내세워 전쟁도 일으키며 나라도 빼앗고 부모 자식 간에 적이 되기도 한다. 이 종교를 우리나라에 전파하기 위해 돈을 아끼지 않고 — 우리나라의 내란 소요를 즐기며 지금 국회 설립을 주장하는 사람들이 봉기한 때에 맞춰 총이라도 팔려고 다른 곳에서 돈을 모아 궂은 날에 일본 가까이 접근해 와서 허황하며 경박한 거래"를 하려 한다고 서술하고 있다.

'민권가(民權家)의 내막'에서는 관원(官員)이 되어 피해를 본 민권가가 "법률, 법률 해도 관령(官令)을 따지고 지시를 비방하며 무슨 일이든지 모두 관(官)의 일이라면 기분이 나쁘다며 오대양을 모두 삼켜버릴 듯하고 소송이나 공사(公事)를 돈으로 해결하고 하카마(주름이 들어간 겉옷바지. 겉에 입는 웃옷인 하오리와 함께 입으면 정장 — 옮긴이)에 빛 바랜 하오리를 걸치고 수염을 기르면 관원답다고 사소한 것에 혀를 차며 무슨 대가성 청탁이라도 받으면 관원을 몰아붙이는 것이 민권가의 일상이라고 생각하고, 품행이 나빠 공짜로 술 마시고 밥 먹으면서 논리로 적당히 얼버무리는 것도 그때마다 밖으로 빠져나가기 위한 것이며, 개중에 이미 국회의 희망으로 떠올라 대표라는 직함을 자랑하던 사람이면서도 그 비용을 지역 유지에게 내게 하고, 하루 얼마 정도의 여비를 받아 어차피 한가한 몸이니 도쿄 구경에 자기 부담 없이 좋은 게 좋은 것이지 하며 서로 주고받으며, 민권은 둥근 것인지 네모난 것인지 빈손으로 외출한 선생은 관호(官護) 출입구에 일렬로 서 있는데, 왠지 후들후들 떨고 있는 분들도 있으니 그분들은 대체로 어처구니없게도 하숙비도 내지 않고 화류계를 드나들며, 책임지고 있던 돈으로 술 마시고 여자 사는 데 다 써버리고 야반도주하여 몰래 낙향한 사람도 있다. 이런 자들을 가리켜 민권가라고 부르는 사람도 부르는 사람이고, 민권가라 스스로 내세우는 자도 내세우는 자다. 정말 어이가 없어 입이 다물어지지 않는다. 그래서 고매한 민권가 아무개 늘 사람들 입에 오르내리며, 수군거리는 소리 들린다" "민권을 내세우지 않는다면, 내 품행은 사람들의 귀감이 될 것이다. 정부 조처에 대해 왈가왈부 따져볼 수도 있는 일이나, 먼저 새로 발표된 명령을 들어보고 좋은 점을 찾아 칭찬하자. 다른 사람을 위해 목숨을 아끼지 말라. 자신을 위한 목숨을 가볍게 여기지 말라. 급진은 민권에 해(害)가 되며 태만 역시 해가 된다". 이 밖에 이 책에는 '하녀의 내막'이라는 글도 있으나 여기에서는 생략한다.

치열하게 살아가는 사람들

주인 몰래 맛있는 국을 먹는 반가시라, 서로 거짓말을 하는 부부, 내란이 일어나기를 바라며 무기 팔 준비를 하는 외국인, 자유민권운동을 전개하는 투사들의 사정이 재미있으면서 우스꽝스럽게 묘사되고 있다. 『세켄에 절대 비밀』에 나와 있는 글 중에 '국회론자(國會論者)의 내막'이라는 제목이 있는데, 이상하게도 이에 해당하는 글은 찾을 수가 없다. 서문에서 저자는 자신을 사람 흉내내는 원숭이라고 자칭하며 이 책의 전편(前編)이 이미 3만 부 이상이나 팔렸다고 자랑한다. 실제로 당시 이와 같은 종류의 책들은 수요가 상당히 많았던 것으로 보이며, 1886년에는 에노시마야키세키(江島屋其碩)가 저술한 『세켄테다이키시쓰』(世間手代氣質)가 출판되었다. 이 책은 1730년 작품을 다시 찍어낸 것으로 보인다. 또한 1903년에는 같은 저자인 에노시마야키세키의 『세켄무스메키시츠』(世間娘氣質)가 출판되었다. 1907년에는 게쓰진도(月尋堂) 원작, 아에바 고손(饗庭篁村) 교정(校訂) 『세켄요우진키』(世間用心記)를 후잔보(富山房)에서 간행했다. 이 책에는 출판사에서 작성한 서문이 실려 있는데, "서양철학에서 이르길, '육체를 튼튼히 하기 위해서는 음식이 필요하고 정신을 수양하기 위해서는 책이 필요하다'고 하였다. 그 중에서도 문학은 위안의 원천이자 이상의 정신적 양분으로서 사회인의 문명적 생활과 깊게 관련되어 있는 것, 문학을 모르는 사람은 꽃과 열매 없는 초목과 같으며, 문학이 없는 사회는 공원이 없는 도시와 같다고 할 수 있지 않을까"라고 실려 있다. 이 서문에서 주목을 끄는 점은 이미 여기에서 개인과 사회라는 말이 사용되고 있다는 점이다.

'대중적'이라고도 할 수 있는 이러한 작품들 대부분은 사이카쿠에서 그 유래를 찾을 수 있는 이야기의 실마리나 태도를 보여주며 재미있으면서 우스꽝스러운 '세켄'을 묘사하고 있지만, 사이카쿠와 달리 여기에서는 상인의 살아가는 모습 따위는 보이지 않고 혼란의 시대를 치열하게 살아가는 사람들의 모습을 묘사한 내용이 많이 보인다. 이들 책을 통해 메이지유신이 한창이던 때 사람들의 무질서한 삶의 모습을 엿볼 수 있기도 하지만 이에 머물지 않는다. 이른바 '대중적'이라고 할 수 있는 책들 중에는 소설도 포함되어 있어, 1907년에 출판된 히로쓰 류로(廣津柳浪)의 『세켄』(世間)은 지금까지 소개한 책들과는 전혀 다른 작품으로, 이른바 '세켄' 그 자체를 묘사하고 있다. 당시 사회 풍속을 그렸다고 보아도 좋은 작품이다.

이와야 사자나미(巖谷小波)의 『세켄가쿠』(世間學)

'세켄'이라는 말은 이 무렵 다양한 의미로 사용되었다. 그러나 다양한 만큼 '세켄'의 의미는 모두 혼란 속에 있었다. 이와 같은 상황에서 메이지 정부는 어떠한 형태로든 질서를 구축해야 한다는 필요성을 감지했던 것으로 보인다. 교육칙어의 발표는 바로 이 무렵 '대중적'인 작품에 나타나 있는 당시의 상황을 반영한 것이다. 특히 당시의 도시는 '대중적'인 작품에 소개되었듯이, 무질서의 결합체라 할 수 있는 상황이었고 이러한 도시에 어떤 형태로든 질서를 만들어야 한다는 점을 메이지 정부 역시 고심하고 있었을 것이다. 이처럼 이제 사회질서가 필요함을 절실히 느끼고 있던 것은 메이지 정부뿐만이 아니었다.
　근대화 정책 속에서 구미 지역의 여러 제도를 도입해 정비해가는데 '세켄'도 예외는 아니었다. '세켄'이라는 말이 사람들 입에 자주 오르

내리기는 했으나 그 정의를 명확하게 정리한 적이 없었으므로, 구미 지역의 여러 학문이 들어오면서 '세켄'을 새롭게 규정지으려는 시도도 나타났다. 그와 같은 시도 가운데 한 예가 이와야 사자나미의 『세켄가쿠』이다. 1908년에 간행된 이 책은 'Weltbürgertum(세계시민주의)'이라는 부제를 달았는데, 이를 고려할 때 서구의 시민사회를 의미하는 말로 '세켄'을 이해하려고 했다는 사실을 알 수 있다.

> 일본 사계(社界)는 사람 면전에서 하품을 하거나 방귀를 뀌어도 아무렇지 않게 여기는 사계이다. 변소에 국자를 넣고 휘젓는 사계이다. 손님 앞에 요강을 내놓는 사계이다. 툇마루에서 아이들 소변을 보게 하는 사계이고 시궁창의 흙을 도로변에 방치하는 사계이며 대청소 때 나는 먼지를 그대로 큰길에 방치하는 사계 — 더욱이 이른바 결벽증을 가졌다는 국민이 이러한 일들을 전혀 불쾌하게 여기지 않는 사계 — 이다. 일본 사계는 매춘부에게 공공연하게 귀빈을 모시게 하는 사계이다. 기생 출신인 아내를 아무렇지 않게 궁(宮) 안에 동반하는 사계이다. 요릿집 여주인에게 자기 집에 온 손님을 접대하게 하는 사계이다. 첩의 집에 지인(知人)을 불러 일을 처리하는 사계이다. 유곽(遊廓)을 명소로 꼽는 사계이다. 간통 사건을 2호 활자로 신문에 게재하는 사계이다. 더욱이 이른바 무사도를 논하는 자가 이러한 일들을 보고도 전혀 눈살조차 찌푸리지 않는 사계이다.

이와야 사자나미는 이와 같이 당시 일본 '사계'를 평가했고, 이와 같은 일본 '사계'에 필요한 것은 질서라고 보았다.

원래 일본은 예전부터 질서가 없었고 구미 여러 나라들과 비교하여 매우 나쁜 습관이 몸에 배어 있는 것 같습니다. ― 사람은 아무리 어려운 일에 부딪히더라도 만사를 질서 있게 처리하면 늘 여유를 가질 수 있습니다. 몸이 많은 잡무에 시달리고 있더라도 마음속에 여유를 가질 수 있으므로 '질서'가 가장 필요합니다.

그리고 기본적으로 그 질서의 모델을 구미 사회로 생각하고 있다. 구미의 사회질서를 일본에 도입하려고 한 것은 두말할 필요도 없이 메이지 정부 자체였으나, 정부의 입장은 식산흥업과 부국강병 정책에 한한 것이며, 교육과 관련해서는 교육칙어로 상징되듯이 결코 구미의 문화를 도입하려는 의지가 없었다.

'교육칙어'에는 부모에 대한 효, 형제 자매 간의 우애, 부부간의 애정, 지능 계발, 국법 준수, 나라를 위해 싸울 것 등이 제시되어 있다. 그러나 개인의 존엄성과 관련된 내용은 전혀 보이지 않는다. 유럽이 근대에 들어와 문명권을 확립할 수 있었던 것은 바로 이 개인의 존엄성을 확립함으로써 가능했던 것이다. 유럽이 유럽다울 수 있는 것은 바로 개인의 위치를 확립할 수 있었기 때문이다. 따라서 이와야 사자나미의 제안이 이 시점에서 어떠한 의미를 가질 수 있었는지 알아보기 위해서 지금까지 간략하게 다루어온 일본 '세켄'의 역사를 유럽의 역사와 비교해서 살펴보고자 한다.

제6장

서구 근대의 시작

『기적에 관한 대화』

앞에서 살펴보았듯이, 『일본영이기』는 787년에 정리되었다. 이 책에는 지금도 일본인 주위에 있는 '세켄'의 원형이 잘 나타나 있다. 『일본영이기』 전체를 관통하는 핵심은 '증여·상호보답의 원칙'과 '인과응보'이며 이는 모든 영역에 영향을 미치고 있다. 『일본영이기』보다 좀 늦은 시대에 간행되었지만, 유럽에도 1223년에 간행된 것으로 보이는 『기적에 관한 대화』라는 책이 있다. 이 책의 저자는 하이스터바흐의 카이사리우스(1170년경~1240년경)로, 『일본영이기』가 서민에게 불교를 전파하기 위해 간행되었듯이, 이 책 역시 기독교를 서민에게 전하기 위한 설화집으로 편찬되었다. 『일본영이기』와 마찬가지로 『기적에 관한 대화』는 민중의 세속적인 믿음도 충분히 배려하면서 대화를 진행한다. 모두 750편의 짧은 이야기로 구성되는데, 개종, 회개, 고백, 유혹, 악마, 순수함, 성모마리아와 같은 여러 가지 이야기가 등장한다.(Caesarii Heisterbacensis Monachi Ordinis Cisterciensis, *Dialogus Miraculorum*, Josephus Strange, Coloniae MDCCCLI)

서구의 인간과 동물

먼저 제10장의 제66화를 살펴보자.

어느 장원(莊園) 근처에 늑대 한 마리가 나타나 이제 막 성인이 된 처녀를 습격해서는 이빨로 처녀의 팔을 물어 끌고 갔다. 끌려가던 처녀가 소리를 지르면 늑대는 처녀를 이빨로 더욱 꽉 물었고 조용해지면 이빨을 좀 풀어주었다. 이렇게 늑대는 처녀를 숲 속으로 끌고 다른 늑대 한 마리 앞으로 데려갔다. 그 늑대의 목구멍에 뼈가 박혀 있었던 것이다. 너무나 아팠기 때문에 그 늑대는 이빨로 처녀의 손을 잡아 뼈가 박힌 늑대의 크게 벌어진 입 속으로 집어넣고 그 뼈를 빼내게 했다. 마침내 목의 통증이 사라지자 늑대는 다른 늑대와 함께 그 처녀를 장원으로 돌려보냈다.

『일본영이기』와 마찬가지로 여기서도 동물과 인간의 교류가 묘사되었다. 그러나 동물은 의인화되어 있고 그 본성을 보여주고 있지는 않다. 이야기 대부분에서 동물은 어디까지나 인간에게 봉사하는 존재로 등장한다. 그런데 여기서는 인간이 동물을 위해 도움을 주고 있다. 이 설화는 인간과 동물의 관계가 그 중간에 위치하는 것으로 표현되었다. 여기서는 증여·상호보답 관행을 거의 보여주고 있지 않다.

지상의 질서와 천국

이어서 제11장에 있는 제35화를 살펴보자.

시토회 소속 어느 수도원의 조수사(助修士)가 어느 날 원장 수사의 심부름으로 외출을 하게 되었다. 작센 지역을 흐르는 엘베 강을 배를 타고 건널 때, 뱃사공이 뱃삯을 요구했다. 이 조수사가 가진 돈이 한푼도 없다고 하자, 뱃사공은 "그렇다면 당신 칼이나 벨트 중 하나를 놓고 가시오"라고 했다. 조수사는 "내게 이것이 없으면 정말 곤란하다네. 내가 있는 수도원 이름을 걸고 말하는데, 돈은 꼭 보내주겠소"라고 말했다. 뱃사공은 강을 건네주었다. 조수사는 그곳을 벗어나자 약속한 것을 하찮은 일로 여겨 까맣게 잊어버리고 돈을 보내지 않았다.

오랜 세월이 흐른 뒤, 그 수사는 병이 들었고 주변 사람들 모두 그의 죽음이 임박했음을 알게 되었는데, 그의 영혼이 육체를 벗어나 천국으로 올라갔다. 그런데 고백을 하던 중에 잊고 있던 뱃삯이 보였던 것이다. 처음에 아무것도 아닌 적은 뱃삯이었으나 점점 불어나 세계 전체보다 커졌다. 그가 하늘로 올라가려고 하자, 달리 누가 방해하는 것도 아닌데 커진 그 뱃삯이 그가 걸어가는 길을 가로막아 섰다. 그곳에서 그는 천사의 기도 덕분에 허락을 얻어 자신의 몸으로 돌아올 수 있었다. 그가 본 것을 사람들에게 말하자 모두 크게 놀랐으며, 원장 수사는 즉시 그 뱃삯을 뱃사공에게 보냈다. 뱃사공이 그 돈을 받자마자 수사는 숨을 거두었다.

천국에 가기 위해서는 현세의 채무를 잘 정리해두어야 한다는 이야기이다. 속세의 윤리가 천국에 가는 조건인 것이다.

다음으로 제36화를 살펴보자.

프랑스의 시토회 소속 어느 수도원에서 훌륭한 생애를 보낸 수도사가 깊이 병들어 누워 있었다. 고열과 높은 기온의 이중고에 시달리던 그는 병원 사람에게 수도복을 벗고 어깨 정도 걸칠 수 있는 옷을 입게 해달라고 부탁했다. 병원의 수도사는 가엾어서 그렇게 해주고 일단 병실을 나왔다가 다시 들어가 보니 수도사는 숨을 거둔 뒤였다. 그는 당황하여 병실 문을 닫고 어깨에 걸친 옷을 벗기고 두건을 씌워 유해를 침대 위에 눕히고 나서 널빤지를 두드려 모두에게 알렸다. 수도사는 예배당에 안치되었다.

다음 날 저녁, 수도사들이 관례대로 유해 주위에서 기도할 때, 유해가 관에서 벌떡 일어나 주변을 둘러보며 수도사를 불렀다. 수도사들은 공포에 떨며 방으로 도망쳐 흩어졌는데, 부원장만은 용기가 있어 그 자리에 남았다. 수도사는 "무서워하지 마세요. 나는 죽었으나 다시 목숨이 살아나 돌아왔습니다. 원장님을 불러주세요"라고 했다. 죽었던 수도사가 살아나자 놀라 도망갔던 수도사들도 하나 둘 다시 모이기 시작했고 크게 혼란스러워했으나 기도하던 곳으로 모두 모였다.

원장이 관이 있는 곳으로 다가가자 수도사가 말했다. "원장님, 고백하겠습니다. 저는 이러이러하고 여차여차하여 죽었으며 천사의 인도를 받으며 천국까지 갔습니다. 저는 아무런 문제없이 천국으로 들어가리라 생각했는데, 성 베네딕투스가 문 밖으로 나와 '너는 누구냐?'고 물었습니다. 제가 '성인께서 계시던 시토회 수도사입니다'라고 말씀드리자, '너는 수도사가 아니다. 네가 수도사라면 너의 수도복은 어디에 있느냐? 작업복을 입고 천국에 들어오려 하느냐?'고 말씀하시며 들여보내주시지 않았습니다. 저는 천국의 주변 성벽을 둘러보았는데, 창문에 당당한 모습을 한 노인들이 계셨고 그 중에 친절해 보이는 분이 계셔서 저를 위해 중재해줄 것을 부탁드렸습니다. 그의 중재로 저는 육체로 돌아올 수 있었습니다. 제 수도복만 있으면 약속된 그 축복받은 곳으로 들어갈 수 있습니다." 이 이야기를 들은 원장은 수도사가 병 때문에 벗어두었던 수도복을 다시 입혀주었다. 이리하여 그 수도사는 축복을 받으며 다시 숨을 거두었다.

이 이야기는 현세의 수도원 규칙이 천국에서도 그대로 통용된다는 사실을 이야기해주고 있다.

탐욕죄

다음으로 제39화를 살펴보자.

메츠 시에 너무나 탐욕스러운 고리대금업자가 있었는데 어느 날 갑자기 죽었다. 그 남자는 임종하면서 아내에게 자기 시신과 함께 돈이 가득 든 지갑을 넣어달라고 부탁했다. 아내는 남들 눈에 띄지 않도록 조심하면서 남편 말대로 해주었다.

그러나 세상에 비밀은 없는 법, 어떤 사람들은 묘를 파서 그 돈을 훔치려고 했다. 그런데 묘를 파보니 두꺼비 두 마리가 한 마리는 지갑에, 다른 한 마리는 사체의 가슴에 앉아 있는 것이 아닌가. 지갑 쪽에 앉아 있는 두꺼비가 지갑에서 돈을 꺼내자, 다른 한 마리는 사체의 가슴속으로 그 돈을 집어넣었다. 마치 두꺼비들이 이렇게 말을 하고 있는 듯했다. "탐욕스러운 마음을 돈으로 가득 채워주려고 하는 거야". 이를 본

도둑들은 도망을 치고 말았다. 만약 이처럼 무시무시한 일이 묘지 안에서 죽은 몸에 일어난다면, 이 남자의 영혼은 지옥에서 죽지 않는 벌레들에게 얼마나 큰 고통을 당하고 있을까.

제40화는 다음과 같은 이야기이다.

쾰른에서 2킬로미터 정도 떨어진 프레헨의 장원에 유타라는 여자가 살고 있었다. 매우 다부진 성격의 고리대금업자였다. 당시 수도원의 부원장이었던 게르라크는 이 장원에 있는 교회도 관리하던 터라 이 여자를 만날 때마다 계속 충고를 했지만, 여자는 그때마다 고치겠다는 말만 할 뿐, 결코 약속을 지키려고 하지 않았다.

죄를 지은 채 이 여자가 숨을 거두자 이 여자의 사체가 부풀어오르기 시작했고, 이에 사체가 살아 있는 사람들에게 해를 끼치지 않도록 하기 위해 사체를 땅에 내려놓았다. 그런데 악마가 이 여자의 팔과 손을 마치 돈을 계산하고 있는 것처럼 움직였던 것이다. 사람들은 악마가 사체를 괴롭히지 못하도록 퇴치하기 위해 게르라크를 불렀다. 퇴마 의식을 할 때에는 사체가 진정되었으나, 멈추면 다시 요동을 쳤다. 그럴 때마다 손과 다리도 움직였던 것이다. 그래서 원장은 흰 수의를 벗겨 성수에 담그고 성수를 입에 머금게 했다. 사체는 열심히 성수를 마시기 시작했다. 그리고 원장은 자신의 숄을 사체의 목에 감아주고 퇴마 주문을 외웠다. 이리하여 악마를 사체의 몸에서 쫓아낼 수 있었다. 그곳에 있던 마을 사람이 사제에게 이렇게 말했다. "이번에는 악마가 이 사체에 놀랄 만한 짓을 하려고 하네요".

이상 두 이야기는 주목할 만 내용을 내포하고 있다. 제39화에 고리대금업자가 지갑을 부장품으로 넣어달라고 부탁한 이야기가 나오는데, 이는 쾰른 지방의 오랜 관습이며 13세기 이후에 기독교가 들어오면서 왕후귀족(王侯貴族)들은 금전을 부장품으로 사용하지 않게 되었다고 한다. 그렇지만 제40화에 나오듯이, 민간에서는 여전히 금전을 부장품으로 넣는 관습이 유행했을 가능성이 있으며, 이 이야기의 주인공이 고리대금업자였기 때문에 특별히 금전을 부장품으로 넣은 것이라고 볼 수는 없을 것 같다.

　　또한 제40화에서 사체가 부풀어올라서 살아 있는 사람들에게 해가 될 가능성이 있다고 표현한 점도 주목을 끈다. 아이슬란드의 사가(saga : 중세 북유럽에서 발달한 산문 문학 — 옮긴이)에도 사후에 해를 끼치는 망자들은 사체가 썩지 않으며, 묘를 파보면 사체가 황소만 하게 부풀어올라 있었다는 이야기가 나온다. 이와 같은 의식이 13세기의 라인 지역 민간에서는 계속 작용하고 있었다는 예로 주목해볼 필요가 있을 것이다. 『일본영이기』에도 사체가 부풀어오르는 이야기가 나온다.

교회의 질서가 내세를 보장한다

제47화를 살펴보자.

　　쾰른 교구에 있던 어느 장원에 하인리히라는 남자가 있었다. 그는 죽음이 임박했을 때, 하늘에서 불타는 커다란 돌이 자신의 머리 위로 덮쳐오는 것을 보았다. 병중이던 남자는 돌의 화염에 심하게 데어, "이것

봐, 돌이 내 머리 있는 데서 내 몸을 다 태워버리려고 한다"고 무시무시한 비명을 질렀다. 사제가 왔을 때 하인리히는 고백했다. 그러나 돌은 사라지지 않았다. 사제가 말했다. "생각해보시오. 다른 사람에게서 그 돌을 **빼앗아** 온 적이 없는지". 그 말을 듣고 남자는 잠시 생각해본 다음에 대답했다. "생각났습니다. 내 땅을 넓히려고 다른 사람의 경계석을 옮겨놓은 적이 있습니다". 사제는 말했다. "그런 이유 때문이군요". 그가 죄를 고백하고 돌을 원래 있던 자리로 옮겨놓기로 약속하자 무시무시한 환각은 사라졌다.

이 이야기도 현실적으로 각지에서 문제가 되고 있던 경계석 이동에 대해 교회가 개입하기 시작한 예 가운데 하나이며, 이 무렵 교회는 개인의 영혼을 구원한다는 이유를 정면에 내세우면서, 현실적으로 사회 질서 확립을 위해 힘을 빌려주고 있었음을 알 수 있다. 민중 교화를 위한 수단으로 고백이나 설교가 이용되었던 것이다.

제56화를 살펴보자.

쾰른 교구에 있는 농촌의 두 가족이 목숨을 건 사투를 거듭하고 있었다. 양쪽 집안의 가장은 모두 대단한 용기를 가진 자부심 강한 남자들로, 늘 새로운 다툼을 일으키며 화해할 생각도 하지 않은 채 싸움을 계속했다. 그래서 신은 이 두 사람을 같은 날에 죽게 했다. 두 사람 모두 같은 교구에 소속되어 있어서, 다툼이 얼마나 해로운 것인지를 보여주고자 생각한 영주는 이 두 사람을 같은 묘에 매장했다. 그런데 이상하게도 전대미문의 일이 일어났다. 모두가 지켜보는 앞에서 두 사체는 서로 등을 맞대고 머리와 발뒤꿈치, 등까지 서로 심하게 부딪쳤는데, 마치 야생마가 서로 다투는 것 같았다. 모두들 즉시 두 사람의 사체를 꺼내, 멀리 떨어진 다른 묘에 매장했다. 이리하여 두 사망자의 다툼은 살아 있는 사람들의 평화와 화해의 계기가 되었던 것이다.

조수사 : 이들의 영혼은 지옥에서도 다툴까요?

수도사 : 모르지.

조수사 : 신께서 이런 방법으로 속세 사람들의 다툼이나 분노를 벌하신다 함은 수도원 내부에서 이와 같은 악덕이 행해지는 것도 싫어하심이겠죠.

수도사 : 그 예를 보여주지.

이상에서 살펴본 이야기들은 현세의 질서가 그대로 내세의 평안한 생활을 보장한다는 것을 말해주며, 현세는 내세와 직접 이어져 있음을 보여준다. 특히 교회의 질서가 그대로 내세를 보장하는 것으로 설명하고 있다. 염리예토(厭離穢土 : 더럽혀진 세상을 피해 떠남 ― 옮긴이)라는 사고방식은 이 설화에서 찾아볼 수 없다.

이렇게 『기적에 관한 대화』에서 주목해볼 만한 이야기를 살펴보았다. 이 이야기들도 『일본영이기』와 마찬가지로 기독교를 일반에 보급하기 위한, 교화를 위한 설화집인 것이다. 여기에서 나타난 이야기의 차이는 불교와 기독교의 차이지만, 더 나아가 일본과 유럽의 '세켄'이 가진 차이이기도 하다. 기독교로 교화되기 이전에는 유럽에도 『일본영이기』에 나오는 경우와 마찬가지로, 동물이나 자연과 많은 교류가 있었음을 알 수 있다. 그림 동화에 나오는 이야기에는 중세 이전의 옛날 이야기도 있는데, 거기에는 인간이 동물로 변신하거나 동물이 인간의 말을 하는 이야기가 상당히 많이 나온다. 하지만 기독교로 교화된 이후 유럽의 민간설화에는 그 전과 같은 이야기가 나오지 않는다.

증여 · 상호보답 관계의 전환 ― 서구의 경우

먼저 『기적에 관한 대화』에는 증여 · 상호보답 관계가 명확하게 나타나지 않는다는 점에 주목해야 한다. 유럽 사회에도 증여 · 상호보답 관계는 있었다. 일찍이 『중세의 창가에서』(中世の窓から)를 통해 명확하게 밝혔듯이, 고대 유태인 사회에도 옛 게르만 사회에도 증여 · 상호보답 관계는 존재했다. 그러나 그 관계는 12세기 이후에 기독교를 받아들이면서 전환되기 시작했던 것이다. 그것은 유럽 사회의 중요한 전환이었다. 기독교 도입으로 당시까지 유지되어온 증여 · 상호보답 관계에 신이 개입하게 된 것이다.

그 중심에는 '누가복음서' 14의 12 이하에 실려 있는 사고방식이 자리하고 있다. "또한 예수 그리스도는 자신을 초대한 사람에게 질문을 받고 말했다. 점심이나 저녁을 베풀 경우에는 친구, 형제, 친척, 부자인 이웃은 부르지 않는 것이 좋다. 아마 그들도 당신을 초대하여 당신은 또다시 답례를 받게 될 것이므로. 오히려 잔치를 벌일 때에는 가난한 사람, 장애를 가진 사람, 다리를 저는 사람, 맹인을 초대하는 것이 좋다. 그러면 그들은 답례를 할 수 없으므로 당신은 행복해질 것이다. 의인이 부활할 때에 당신은 보상을 받을 것이다".

고대에서 중세에 걸쳐 유럽에서도 커다란 역할을 담당해온 증여·상호보답 관습이 여기에서는 부정되고 있다. 이는 매우 큰 의미를 갖는다. 이를 설명하기 위해서는 중세 유럽의 우주관에 대해서도 살펴보아야 한다. 『일본영이기』 경우에는 살아 있는 인간을 중심에 두고 전생과 내세를 가진 인간을 전제로 했다. 그런 점에서 『일본영이기』의 우주관은 시간적인 구조이다. 그러나 중세 유럽의 우주관은 오히려 공간적인 구조라고 할 수 있다. 러시아의 역사가인 아론 그레비치의 의견을 들어보자.

중세의 우주관

아론 그레비치의 말이다.

가족이 소유한 지역에 대해 인간은 구체적·감각적인 관계를 맺고 있는데, 그 때문에 토지는 초기 중세 사람들의 우주 관념 시스템에서 중심적인 역할을 하게 되었다. 경작자의 대지 안에 우주 모델이 편입되어 있던 것이다. 이는 스칸디나비아 신화를 통해 잘 알 수 있다. 스칸디나비아 신화는 일찍이 모든 게르만계 민족이 공통적으로 가졌던 신앙이나 표상의 특징 대부분을 그대로 유지하고 있었다. 인간세계는 미드가르드(midgard)라 불렀는데, 문

자 그대로 옮겨 적으면 '한가운데의 정원', 다시 말해 세계 공간 중 경작·경운(耕耘)된 부분을 가리킨다. 미드가르드의 주위는 인간에게 적대적인 괴물이나 거인 세계가 둘러싸고 있다. 이것이 우트가르드(utgard) 즉, '대지의 울타리 밖에 있는 것'이며, 세계 공간 중 경작되지 않은 카오스 상태인 채로 존재하는 부분이었다. 미드가르드와 우트가르드의 대비는 스칸디나비아법에 있는 두 가지 범주 — '울타리 안'과 '울타리 밖' — 의 대치와 평행을 이루고 있다. 이 대비를 통해 기본적인 권리 관계(개인적·집단적 토지 소유)뿐만 아니라, 우주에 관한 근본 개념도 파악했던 것이다. 인간세계는 대지 안, 농가의 마당이어서, 토지신(earth god)의 대지 안에 있는 아스가르드(asgard)에 대해 완전한 아날로지(analogy: 유사성)를 가지며, 동시에 이 아스가르드를 통해 그 존재가 고양된다. 그러나 이 마당은 사방에 공포와 위험이라는 미지의 암흑세계로 둘러싸여 있다.(『中世文化のカテゴリー』川端香男里·栗原成郎 역, 岩波書店, 1999년, 65~66쪽)

이 미드가르드 소우주에 사는 인간은 대우주 우트가르드에 대해 증여·상호보답 관계를 맺고 있었다. 우트가르드란 구체적으로 숲과 황야, 천계와 바다를 가리킨다. 『일본영이기』의 경우와 마찬가지로, 인간은 이 우트가르드에 있는 괴물이나 요괴, 동물과 증여·상호보답 관계를 맺고 있었던 것이다. 이는 아이슬란드의 사가, 특히 가족 관습에 나타난다. 그러나 기독교 도입과 동시에 이 대우주와 소우주의 관계, 그리고 증여·상호보답의 관계 역시 모두 깨져버렸다.

기독교의 전파로 대우주와 소우주의 관계도 부정되어 전세계는 하나의 우주 아래에서 해석되기 시작했다. 나아가 증여·상호보답 관계도 부정되었는데, 이는 구체적으로 주술을 부정하는 형태로 나타났다. 이와 같은 주술이 부정되어가는 과정을 통해 유럽은 근대사회를 준비할 수 있었다. 또한 이러한 과정 속에서 개인이 성립했다. 그 과정을 들여다보기 위해서는 「속죄규정서」를 살펴보아야 한다.

『속죄규정서』의 주술 부정

『속죄규정서』(贖罪規定書)란 속죄가 필요한 죄의 목록으로, 그 죄를 속죄하기 위한 벌칙 내용도 규정한, 고해를 듣는 사제를 위한 안내서이다. 『속죄규정서』는 5~6세기에 먼저 웨일스와 아일랜드에서 만들기 시작하여 이윽고 프랑크 왕국과 앵글로색슨에게도 전해졌으며 뒤에 프랑스, 독일, 이탈리아, 스페인, 스칸디나비아 반도에도 전해졌다. 수많은 간행본이 있는데, 그 중에서도 보름스 사교(司敎) 부르하르트의 『교정자(矯正者)·의사』(1000년 무렵에 성립)는 특히 내용이 풍부하고 흥미롭다. 그 중에서 주목해야 할 부분을 살펴보자.(阿部謹也, 『西洋中世の罪と罰』)

먼저 서문에서 다음과 같이 서술했다. "아들아, 자신의 죄를 고백함을 부끄러워해서는 안 된다. 신을 제외하고는 죄를 짓지 않는 자가 없기 때문이다. 무엇보다 중요한 것은 자신의 죄를 추궁하고 자신에게 죄가 있음을 고백하는 것이다." 이와 같이 서술한 다음, 살인, 매음 혹은 간통, 몽정, 거짓 맹세, 비방, 아내를 의심하는 일, 사기, 그리고 잡아먹어서는 안 되는 동물을 제시해놓았다. 죄는 질병과 같은 것으로 여겨, 밖에서 즉, 대우주에서 안으로 들어온 것으로 여겼다. 죄도 대상화할 수 있는 것으로 보았다. 따라서 정신적인 회개보다도 교회에서 우선 벌을 내렸다. 더욱이 그 벌을 받을 때조차 대리인을 세울 수 있었던 것이다.

제61장 : 너는 이교도의 전통을 따르고 있는가? 악마의 힘을 빌려 마치 대대로 전해져왔다는 듯이, 아버지들이 지금도 자식에게 가르치고자 하는 관습이 있는가? 예를 들면, 여러 원소, 달이나 태양, 별의 움직임, 초하루, 월식을 숭배해야 하는가? 너는 고함을 지르며 너의 힘으로 달빛을 되돌릴 수 있고, 또한 그들 여러 원소가 너를 도울 수 있다고 믿으며, 네가 그들에 대해 힘을 가질 수 있다고 믿고, 집을 짓거나 결혼할 때 월령(月齡)을 관찰해야 한다고 생각하는가? 만약 그렇게 생각한다면, 이미 제시한 제일(祭日)에 2년간 속죄를 해야 한다. 주께서 이렇게 말씀하셨기 때문이다. 네가 이루려는 것은 말이나 행동과 상관없이 모두 주 예수 그리스도의 이름으로 이루어지는 것이라고.

제63장 : 악질적인 자들, 돼지 사육자나 농부, 때로는 사냥꾼이 하듯 매듭이나 주문을 너도 이용하는가? 그들은 빵이나 풀, 또는 사악한 띠 위에 악마의 주문을 써서 그것들을 나무에 감추거나, 도로가 두세 개 교차하는 곳에 던져, 자신들의 가축이나 개가 병이 나지 않게 하거나 살해되지 않기를 바라며 타인의 가축에 피해가 가게 한다. 네가 그런 행위를 했다면, 지정된 날에 2년간 속죄를 해야 한다.

제64장 : 여인들이 직물 공방에서 직물을 짜고 있을 때, 직물을 완성하기 위해 주문을 외우고, 실이 엉클어졌을 때 악마의 역(逆)주문으로 그것을 보완하지 않으면 모든 직물을 버리고 만다는 믿음을 가진 여인들의 작업 공방에서 함께한 적이 있는가? 또한 그 주문에 동의한 적이 있는가? 만약 네가 그곳에 동석해 동의를 표한 경우, 3일간 빵과 물만으로 지내며 속죄해야 한다.

제66장 : 너는 사교(司敎)와 사제가 정한 교회의 종교 시설 이외의 장소로 기도를 하러 간 적이 있는가? 샘물이나 돌, 나무나 십자로에서 그 장소를 경배하기 위해 양초나 횃불을 켜놓은 곳에 빵과 같은 공양물을 가져가 그곳에서 몸과 마음의 병을 치유하고자 하지 않았는가? 만약 그러한 행위를 하고 그러한 행위에 동의했다면, 앞에서 말한 제일(祭日)에 3년간 속죄해야 한다.

제69장 : 어느 여인은 주문이나 주술로 인간의 마음을 바꾸어 증오를 사랑으로, 사랑을 증오로 바꿀 수 있다고 하며, 또한 타인의 것을 마법을 써서 빼앗아 올 수 있다고 말한다. 너는 그러한 배신 행위를 믿는가? 또한 그러한 행위에 힘을 빌려준 적이 있는가? 만약 네가 그러한 행위를 믿거나 관련되었을 경우에는 이미 지정한 제일에 1년간 속죄해야 한다.

제70장 : 어느 여인은 악마에게 속아 여인의 모습으로 변신[이를 어

리석은 자들이 스트리고이, 홀다, "홀레 아주머니(중부 독일의 전설, 동화에 등장하는 인물 — 옮긴이)"라고 부른다]한 악마들과 함께 그의 명령에 따라 어떤 동물을 타고 정해진 날 밤에 악마들이 있는 곳으로 모여야 한다고 하며 그대로 할 수 있다고 말하는데, 너는 그것을 믿는가? 네가 이러한 배신행위와 관련되었다면, 정해진 제일에 1년간 속죄해야 한다.

이렇게 「속죄규정서」 중에서 주술에 관한 부분만을 뽑아 살펴보았다. 여기에서 알 수 있듯이, 유럽에서는 11~12세기에 이미 주술이 전면적으로 부정되었던 것이다. 더욱이 이 규정서는 고백을 위한 지침서이므로, 사제는 모든 신자의 마음에 호소하여 주술에 관련되는 일을 금지했다. 여기에는 제시하지 않았지만, 이 「속죄규정서」에는 집을 지을 때나 결혼할 때 길일을 선택하는 일까지도 금지한다. 이 길일 문제와 관련하여 지금도 일본인들에게는 이 문제에 관한 한 금기가 있다는 점을 상기해보아야 한다. 일본의 '세켄'에서는 주술이 매우 커다란 역할을 하고 있다. 그러나 유럽에서는 이미 11~12세기에 공적인 세계에서는 주술을 행할 수 없었다.

주술이 부정됨으로써 증여·상호보답 관습도 현실에서 그 기능을 상실했다. 처음부터 증여·상호보답 관습이 유럽에서 완전히 사라졌던 것은 아니다. 부분적으로는 지금도 남아 있다. 그러나 사회의 근간을 이루는 역할은 더 이상 하지 않게 되었으며, 독일에서는 루터 시대에 종교개혁과 함께 증여·상호보답 관습은 사회 근간 기능을 상실했다.

고백과 개인의 탄생

12세기에 일어난 커다란 변혁이 또 하나 있었다. 그것은 바로 개인이 탄생한 일이다. 이 개인 역시 고해라는 과정 속에서 탄생했다. 고해를 통해 한 사람 한 사람이 자신의 내면을 들여다보게 되었다. 죄의식이 고해를 통해 내면의 문제로 자리잡았던 것이다. 개인의 탄생이란 두말할 필요도 없이 내면의 발견이었다. 푸코는 『성(性)의 역사 — 앎의 의지』에서 다음과 같이 말했다.

> 개인으로서 인간은 오랫동안 다른 사람들에게서 기준을 찾고, 또한 다른 사람과 맺은 유대 관계를 분명하게 드러냄으로써(가족, 충의, 비호 관계가 그것이다) 자신의 존재를 확인했다. 그런데 그런 개인으로서의 인간이 자기 자신에 관해 표현할 수 있는지 또는 어쩔 수 없이 표현하는지, 그 표현된 사실에 따라 다른 사람들이 그를 인증하게 되었다. 사실의 고백은 권력에 의한 개인의 형성이라는 사회적 과정의 핵심으로 등장해왔다.

고백하는 과정에서 사람은 다른 사람 앞에서 자기 자신을 말로 표현해야 하는 상황에 놓이게 되었다. 자기 자신을 말로 표현한다는 행위야말로 개인과 인격의 출발점이었다. 개인의 탄생은 동시에 '세켄'의 해체였다. 아이슬란드의 사가에는 7천 명이나 되는 사람의 이름이 나오지만 개인에 대한 내면 묘사는 나오지 않는다. 아이슬란드 사회에는 개인이 존재하지 않았던 것이다. 그 대신에 '세켄'이 존재했다. 그 '세켄'

속에서 인간 사이에 일어나는 갈등은 관습의 내용으로 있게 된다.

유럽의 '개인'과 일본의 '개인'

이렇게 유럽의 '세켄' 해체와 개인의 성립에 대해 간략하게 살펴보았다. 메이지유신 때에 일본이 선진국으로 보았던 유럽은 이와 같은 역사를 가진 사회였다. 여기에서 다시 이와야 사자나미의 『세켄가쿠』(世間學)에 대해 살펴보기로 하자. 이와야 사자나미는 이 책의 머리글에서 다음과 같이 서술했다. "'세켄학'이란 대학의 강좌에서조차 찾아볼 수 없는 명칭이다. 그도 그럴 것이, 이것은 이번에 이 책을 내면서 새롭게 고안해낸 이름이니까 말이다. 그 의미는 글자 그대로, 세켄을 알기 위한 학문이다. 분명 세켄이란 인간이 모인 집합을 가리킨다. 그렇기 때문에 세켄을 알려면, 먼저 인간을 알아야 한다. 인간을 알려면, 먼저 자기 자신을 알아야 한다. 이 책은 그러한 것들에 대해서 그때그때 느끼며 토해낸 것을 시험 삼아 한 권의 책으로 엮어본 데 불과하다. 지금 이런 때에 이러한 논의를 한다는 것, 이는 바로 저자가 자기 자신을 잘 모르고 있다는 사실을 오히려 고백하고 만 것이라고 보아준다면, 그걸로 충분하다".

 이 책의 제목은 『세켄가쿠』로 되어 있으나, 본문에서는 세켄이라는 말을 거의 사용하지 않았다. 오히려 '사계'(社界)라는 용어를 사용했다. 그리고 때로는 개인이라는 용어도 사용했다. 이 무렵 세켄이라는 이름을 단 서적이 다량으로 출판되어 상당한 판매 부수를 올리고 있었던 상황에서 책 제목을 그렇게 붙였던 것이 아닐까 생각하며, 또한 사계라는 용어가 아직 일반인들에게 잘 알려지지 않은 용어이기에 잘 알려진 세켄이라는 용어를 제목으로 했을 것으로 생각한다. 어찌되었든, 이와야 사자나미는 이 책에서 유럽의 상황을 기준으로 해 일본 사회에 새로운 질서를 만들어보려 했음은 분명하다. 도쿄부〔東京府 : 메이지유신 이후 에도(江戸)의 이름을 도쿄부로 개칭. 1889년 도쿄시(東京市), 1943년 도쿄도(東京都) ― 옮긴이〕에서는 이미 19세기 중·후반에 '풍속교정'(風俗矯正)을 정하여 남녀의 혼욕을 금지했다. 당시 많은 서적에서 '세켄'과 관련된 여러 가지 이야기와 정보를 재미있게 전해주었는데, 1869년에 메이지 정부는 출판조례(出版條例)를 발표하여 이와 같은 움직임을 정부 입장에서 견제해보려고 했다.

여기에서 지금까지 살펴본 유럽에서 개인이 탄생하는 상황과 일본의 상황을 견주어 고려해볼 때, 이와야 사자나미가 서술한 사고방식은 얼마나 가능성이 있었던 것일까? 이와야 사자나미는 무엇보다도 먼저 인간학에서 출발하고자 했다. 그가 제시한 원칙은 "먼저 자기 자신을 돌아보고 자기 자신을 잘 들여다볼 수 있다면, 나아가 다른 사람을 관찰해 연구하면 아마도 거의 오류가 없을 것이다"라고 한 점에 있다. "다른 사람을 관찰하기 전에 먼저 자기 자신을 연구하라"는 입장에 서 있었던 것이다. 그 예로, 부록에 괴테에 대해 논했다. 그러나 그는 일본의 '세켄' 속에서 개인을 창출해낼 수 있는 가능성에 대해서 당연히 낙관했다.

그 이전에 일본에는 개인이라는 관념이 존재하지 않았기 때문에, 새로이 구미에서 전해지는 관념으로서 당연히 수용하게 된다고 여기고 있었던 것이다. 그러나 유럽에서 개인이라는 관념이 생기고 나서 개인이 사회적으로 그 존재를 주장할 수 있게 되는 데는 수백 년이 걸렸다. 사회도 국가도 개인을 인정하지 않고 부정하려고 했기 때문이다. 그런데 일본에서는 1884년에 '개인'이라는 번역어를 만들고 나서 단시간에 이 단어를 보급했다. 일본에는 예전부터 '세켄'이라는 질곡이 있어 개인은 그 틀에 얽매여 본연의 자유를 향유할 수 없었는데, 유럽의 개인이 가진 실제 모습과 배경을 모르는 많은 사람들은 개인이라는 언어에 만족하며 그것이 '세켄'이라는 틀 속에서 질식해가는 데에도 무관심할 따름이었다.

일본의 자화상에 관한 문제

한편, 메이지 시대에 도쿄 미술학교(현, 도쿄 예술대학)에서는 졸업 작품으로 종종 자화상을 그리게 했다. 당시까지 일본에는 자화상이라는 장르가 없었고, 몇몇 선승(禪僧)의 자화상을 제외하면 일본의 회화 역사에 자화상이란 존재하지 않았다고 할 수 있다. 그 이유는 분명하다. 일본의 '세켄'에는 개인이 존재하지 않았으므로, 자화상을 그릴 동기도 없었던 것이다. 일본의 개인은 '세켄' 속에 매몰되어 자기 자신 한 사람만을 그릴 만한 동기가 없었기 때문이다. 회화의 경우, 구미에 그 모범이 있었으므로 얼마 뒤 일본에서도 자화상을 그리는 화가들이 늘어났다.

그러나 인문·사회과학의 경우에는 개인이라는 말이 생겨남으로써 커다란 오해를 낳았다. 일본에 서구의 개인이라는 개념이 보편화되면서 일본에서도 서구와 마찬가지로 개인이라는 개념이 그 용어와 동시에 생겼다는 착각을 일으켰던 것이다. 이와 같은 착각은 지금도 변함없이 계속되고 있다. 나쓰메 소세키(夏目漱石)가 집필한 『내 개인주의』(私の個人主義)는 이 점을 날카롭게 지적한 책이다. 나쓰메 소세키는 구미의 문학 작품에 대해서 구미인들과 다른 평가를 하게 될 경우, 그 이유를 구미인들에게 설명하기 위해서라도 일본 사회에 대해 자세히 설명해야만 한다고 생각했으며, 구미인들이 높게 평가하고 있다는 이유로 그 작품을 높이 평가하는 행위를 경계했다. 메이지 시대 이후 서구 문명을 수용하면서 여러 근대적 기술이 함께 들어왔다. 그 기술들은 일본 사람의 심성으로도 응용해 사용할 수 있는 기술들이었다. 개인이라는 관념 역시 이와 같은 근대적 기술과 같은 방식으로 도입해 그대로 활용할 수 있는 것으로 보아왔던 것이다.

제7장

일본 근대의 이중 구조 — 제도와 인간관계

새로운 제도와 기존 인간관계

1869년에는 쇼헤이자카 학문소(昌平坂學問所)를 중심으로 대학교가 설립되었다. 이는 국학(國學: 일본학 — 옮긴이)을 중심에 두고 양학(洋學)과 한학(漢學)을 좌우에 두는 형태를 취했는데, 국·한·양학이 서로 대립하면서 얼마 지나지 않아 폐쇄되고 말았다. 그 후 메이지 정부는 1877년에 도쿄 대학을 설립하여 공부대학교(工部大學校)와 법학교(法學校)를 단과대학으로 두었다. 1886년에 이들은 제국대학(帝國大學)으로 통합되었다. 그리고 1868년에 이미 중앙관제(中央官制)가 정비되었다. 총무국(總務局) 아래에 신기국(神祇局), 내국국(內國局), 외국국(外國局), 해군국(海軍局), 육군국(陸軍局), 회계국(會計局), 형법국(刑法局), 제도국(制度局) 등 8개 국(局)이 설치되었다.

그리고 화족(華族 : 메이지 시대 이후 특권적 신분. 公卿·大名의 호칭을 폐지하고 화족이라 함 — 옮긴이)과 사족(士族 : 메이지 시대 이후 옛 무사 계급을 이르는 호칭 — 옮긴이), 평민의 족적(族籍)을 정리해 사민평등(四民平等)이라는 방향을 제시했고, 판적봉환(版籍奉還 : 메이지 시대 이후 중

앙집권화의 한 과정. 1869년 각 번의 판(版:토지)과 적(籍:백성)을 조정에 반환하게 한 정책 — 옮긴이), 폐번치현(廢藩置縣 : 1871년 전국의 번을 폐지하고 부현(府縣)으로 편성한 정치제도 개혁 — 옮긴이)과 같은 정책을 실행했다. 1873년에는 지조개정조례(地租改正條例)를 실시하여 토지 매매가 자유로워졌으며, 같은 해에 징병령도 발표했다. 1869년에는 대장성(大藏省)을 설치했고 도미오카 제사공장(富岡製絲工場) 창설을 시작으로 철도 건설, 우편제도를 신설하는 등 근대화 정책을 잇달아 실시했다. 그 중에서도 메이지 신정부에게 가장 중요한 정책은 신도(神道)의 부흥이었다. 이것이 신기관(神祇官)이 우선 설치된 이유이다.

이와 같은 신정부의 움직임이 있는 가운데, 후쿠자와 유키치(福澤諭吉)를 비롯한 나카무라 마사나오(中村正直), 니시 아마네(西周)는 서구 문화를 받아들이고자 노력했으며『메이로쿠 잡지』(明六雜誌)와 같은 매체를 통해 서양에 관한 정보를 지속적으로 소개했다. 그 중에서도 나카에 조민(中江兆民)은 1874년에 프랑스에서 귀국하자 루소의『사회계약론』을 번역해 소개하면서 정치적 자유를 주창했다. 이를 지켜보던 미야케 세쓰레이(三宅雪嶺)와 같은 국수주의자들 역시 논의 진영을 구축하면서, 양자의 대립은 더욱 치열해지는 양상을 보였다. 앞에서 살펴보았듯이, 1890년에 신정부는 교육칙어를 발표하여 국수주의적 정책 방향을 제시해 개인의 문제보다도 천황과 국가가 우선한다는 점을 분명히 했다.

그러나 문명개화라는 물결은 서민의 생활에도 영향을 주었으며, 1871년에 단발령·탈도령(脫刀令)이 발표되었고 이듬해에는 관리의 대례복, 예복제도가 마련되었다. 군대와 철도, 우편, 학생의 제복도 양복으로 통일되었으며 양복은 국민들 사이에 빠르게 자리잡아갔다.

이리하여 서구풍 문화가 일본에 정착하는 듯이 보였으나, 교육칙어에 나와 있듯이 국가와 가족을 중심으로 한 체제는 위에서 정한 대로 규정되어 근대화를 가로막는 장치로 자리잡았다. 왜냐하면 가족은 개인으로 해체되지 못한 채 옛 형태를 그대로 유지하고 있었고, 메이지 국가 아래서 모든 제도는 옛 인간관계를 여전히 존속시켰기 때문이다. 옛 인간관계는 '세켄'이라는 틀 속에서 존속되었다. 확실히 에타(穢多)·히닌(非人)과 같은 피차별 계층을 비하하는 호칭은 폐지되었다. 그러나 옛 인간관계의 존속과 함께 예전의 차별은 그대로 남아 있었던 것이다.

시마자키 도손(島崎藤村)의 『하카이』(破戒)와 '세켄'

시마자키 도손은 1906년에 간행된 『하카이』(破戒)에서 피차별 부락(部落: 부락이란 말 자체에 천민 집단이라는 의미가 들어가 있다. 미해방 부락을 줄여서 부락이라고 함 — 옮긴이) 출신인 주인공 세가와 우시마쓰(瀬川丑松)의 입을 통해 다음과 같이 말했다.

이 사회에서 버려진다는 것은 달리 표현할 길이 없는 비참한 일이다. 아아, 추방 — 어쩌면 한평생 이어질 치욕일 것이다. 만약 그렇게 되면 앞으로 어떻게 생계를 꾸려가게 될까? 무얼 먹고 무얼 마시게 될까? 나는 아직 청년인데, 꿈이 있는데, 바람도 있는데, 야심도 있는데. 아아, 버림받고 싶지 않다. 히닌 취급은 당하고 싶지 않다. 언제나 세켄 속 사람처럼 살고 싶다.

이 글에서 히닌은 '세켄' 속에서 함께 살아가지 못하고 있다. 히닌과 같은 피차별 부락민을 배제한 채 성립한 '세켄'이었던 것이다.

이를 통해 당시 표현 방식에서 '세켄'은 피차별 부락민을 차별하는 옛 인간관계의 표현이었음을 알 수 있다. 한편에서 양복의 보급으로 알 수 있듯이 서민 생활의 외견은 근대화하고 있었으나, 그 생활의 내부에는 어두운 차별이 여전히 살아 숨쉬고 있었다. 사람들은 이를 알면서도 '세켄'이라는 말에 차별의 실상을 감추면서 살아가고 있었던 것이다. 그 실상은 어떤 것이었을까? 시마자키 도손이 말하는 '세켄'은 단순히 피차별 부락민만을 배제한 것은 아니었다. '세켄'은 평범한 서민뿐만 아니라 고위층 귀족까지도 포함한 인간관계이며, 서로 아무런 관련이 없더라도 같은 시대를 살아가는 사람들의 삶의 형태였다. 이러한 '세켄'은 과연 어떤 세계였을까?

국가의 달력과 '세켄'의 달력

아마도 일본인이면서 설날을 지내지 않는 사람은 거의 없을 것이다. 설날, 나나쿠사(七草 : 음력 1월 7일. 일곱 가지 푸성귀를 찧어 죽에 넣어 먹으면 병을 예방한다고 함 ― 옮긴이), 세쓰분(節分 : 입춘 전날. 콩을 뿌려 잡귀를 쫓음 ― 옮긴이), 히나마쓰리(雛祭 : 3월 3일 여자아이를 위한 명절. 제단에 일본 전통 의상을 입은 작은 인형을 장식함 ― 옮긴이), 피안(彼岸 : 추분이나 추분

을 전후하여 일주일간 열리는 불교 행사 — 옮긴이), 하나미(花見: 꽃놀이), 단오절, 칠석, 도요노우시노히(土用の丑の日: 오행 중 입춘, 입하, 입추, 입동이 되기 전 18일간 토의 기운이 왕성한 절기. 일본에서는 주로 한여름 — 옮긴이), 오본(お盆: 8월 15일. 추석 — 옮긴이), 쓰키미(月見: 음력 8월 15일 밤과 9월 13일 밤에 하는 달구경 — 옮긴이), 동지, 섣달그믐날은 누구나 참가할 수 있는 일본의 연중행사이다. 이는 특정 계층만이 즐기는 행사가 아니라 일본인 거의 대부분이 참가해 즐기는 행사인 것이다. 이러한 행사들은 '세켄'의 연중행사이다. 이 밖에 액년(厄年)이라는 행사도 있어, 지금도 여전히 많은 사람이 참여하고 있다.

메이지 신정부는 예전부터 사용해온 엔키시키(延喜式)를 대신해 새로운 명절을 정했다. 1873년에는 원시제(元始祭), 신년연회, 고메이 천황제(孝明天皇祭), 기원절, 진무 천황제, 간나메사이(神嘗祭: 10월 17일에 열리는 궁중 행사 — 옮긴이), 천장절, 니나메사이(新嘗祭: 11월 23일에 열리는 궁중 행사 — 옮긴이)와 같은 명절을 정했으며, 나중에 추춘 황령제 사방배(秋春皇靈祭四方排)를 추가했다. 이는 모두 국가의 연중행사로, '세켄'의 연중행사와 확연히 다른 행사였다.

가정에서 '세켄'의 명절을 지내면서 다른 한편으로 국가의 경축일에도 참가해야 하는 것이었다. 이미 두 종류의 명절을 아울러 지내고 있었던 것이다. 근대적인 제도를 갖춘 행정 조직이나 회사에서는 국가의 경축일에 맞추어 휴일을 정했는데, '세켄'의 명절은 기본적으로 가정의 명절이었다. 국가의 경축일은 국가가 마음대로 정한 것이지만, '세켄'의 명절은 역사적 · 전통적인 행사이므로 마음대로 바꿀 수는 없었다.

유럽의 명절은 기독교를 기본으로 했기 때문에 일반 사람들의 명절과 국가의 경축일은 대부분 일치한다.

낮 동안 공적인 일을 하는 생활 속에서 사람들은 새로운 직무 규정에 따라 일을 하지만, 가정에서는 지금까지 해왔던 대로 생활했다. 낮 동안의 일이 끝나 일에서 해방되면 사람들은 '세켄'이라는 전통적 시간으로 돌아와 살았던 것이다. 이와 같은 일본인의 이중 생활 방식은 이미 외국인 눈에도 특이한 현상으로 비치고 있었다. 독일인인 에른스트 융거는 "일본인은 낮에는 도쿄역(東京驛) 앞에 있는 시계의 시간에 맞추어 생활하지만, 집에 돌아가면 손목시계를 풀고 유카타(목욕을 마친 뒤, 또는 무더운 여름에 입는 홑옷 — 옮긴이)로 옷을 갈아입고 기존 시간 속에서 살아간다"고 지적했다. 이는 바로 일본인의 생활 모습인 것이다.

시간이라는 기본적인 틀이 다르듯이, 그 속에서 이루어지는 생활 방식도 달랐다. '세켄' 속에서 이루어지는 생활과 공적으로 낮 동안 일하는 생활과는 크게 달랐던 것이다. 어떻게 달랐을까? 이미 살펴보았듯이, '세켄' 속에서 이루어지는 생활은 무엇보다도 먼저 증여·상호보답 관계로 유지된다. 사람들은 다른 사람들과 관계를 맺을 때 이러한 원칙에 따라서 처신했다. 연하장 보내기나 오추겐(お中元 : 7월 15일 백중날에 하는 선물 — 옮긴이), 오세이보(お歲暮 : 세밑 선물 — 옮긴이)와 같은 선물 교환도 기본적으로 이 원칙에 따라 이루어지는 것이다. 물론 사람들은 증여·상호보답이라는 용어는 모른다. 그러나 이 관계는 오랫동안 사람들 생활 속에 정착해온 인간관계이다.

게다가 의리·인정이라는 관계도 있다. 증여·상호보답 관계 외에 다른 사람과 맺는 관계는 이러한 의리·인정이라는 감정적인 태도에 따라 결정되어왔다. 그리고 일본인이 다른 사람과 관계를 맺는 방법에서 나이는 커다란 구실을 한다. 장유(長幼)의 질서가 무엇보다도 우선되기 때문이다. 이러한 내용들을 구체적으로 살펴보기 위해서 일반 가정의 생활을 잠시 들여다보자.

일반 가정

일반적으로 아이들은 부모 사이에 누워 "내 천(川) 자(字) 모양으로 잠을 잔다"고 하는 표현이 있다. 오늘날에는 이와 같은 생활 모습이 많이 사라졌을지 모르지만, 기본적으로 지금도 이와 같은 의식은 남아 있을 것이다. 다시 말해, 부모가 아이들을 데리고 자는 습관이 있다는 것이며, 언제까지 이렇게 부모와 함께 잠을 자는지는 집집마다 다를 것이다. 이는 부부 관계에도 크게 영향을 미친다. 가정에 따라 부부가 결혼을 하고 아이를 낳고 나면 서로 누구 아빠, 누구 엄마라고 부르는 가정을 흔히 볼 수 있다. 서구처럼 부모가 아이들 앞에서 자연스럽게 입맞춤을 하는 습관이 일본에는 없다. 부부의 애정 표현은 아이가 생기면서 자연히 억제되는 것이다. 아이들은 이와 같은 환경 속에서 자란다.

아이들이 동성인 아버지나 어머니와 함께 목욕을 하는 일은 흔히 있는 일이며, 때로는 이성인 아버지나 어머니와 함께 목욕을 하기도 한다. 그러나 후자의 경우에는 대체로 초등학교 저학년까지 함께 목욕을 할 것이다. 최근에는 거의 사라졌을지도 모르겠지만, 딸이 첫 생리를 맞이했을 때, 찰팥밥을 지어 축하해주는 가정도 있었다. 그럴 때 남자 형제는 모른 척하며 축하 자리에 함께한다.

중요한 것은 형제들이 많을 때이다. 무엇보다도 먼저 장남이 모든 일에서 우선이다. 장녀의 경우는 우선이기보다는 "언니니까"라는 말과 함께 참아야 하는 경우가 많다. 1945년 이전 전쟁이 끝나기 전까지 일본 농가에서는 장남은 집을 지킬 사람으로 중시했으나, 차남 이하 형제는 언젠가 집을 떠날 존재로 그다지 중시하지 않았다. 이와 같은 형제간 대우의 차이는 어린아이에게 어느 정도 상처를 남기고 만다.

이뿐만 아니라, 예전에는 집안에서 아버지가 절대적인 위치를 점하고 있었다. 예를 들면, 데라야마 슈지(寺山修司)는 중학교 때 아버지에게 시계를 갖고 싶다고 했다가 크게 혼났다고 한다. 그는 집에서 시간은 아버지만이 관리하는 것이었다고 말했다. 그러나 이와 같은 상황은 종전이 되면서 변하기 시작하여, 아버지보다 어머니가 아이들에게 더 큰 의미를 가진 존재로 바뀌어갔다. 여기에는 현재 아이들이 직면한 커다란 문제가 있었다. 일본의 아이들에게 어머니란 존재는 사랑의 구체적인 상징이었다. 어머니는 무조건적으로 아이들을 사랑한다는 사고방식이 지배적이었기 때문이다. 그러한 어머니도 있겠지만, 실제로는 어머니가 아이들의 모든 것을 함께하게 되면서 문제가 발생하고 있다. 아버지는 일 때문에 바빠 거의 집에서 가족과 함께할 시간을 갖지 못하게 되면서 아이들의 학교생활 문제 전반에 어머니가 관여하게 되어 아이와 어머니의 관계가 긴장감을 띠게 되었다.

내가 조사한 바에 따르면, 고등학생은 동아리 활동이나 진학 문제,

아르바이트나 이성 친구 문제와 관련해 어머니와 긴장 관계에 있다고 한다. 그러나 어머니와 그 문제에 대해 이야기를 나누거나 다툰 적이 있는 학생은 매우 적었다.

무슨 문제가 발생했을 때, 부모와 대화하는 아이는 극히 드물었고, 대학생이 되어서도 대화하는 경우는 매우 적었다. 대화를 나누기도 전에 아이들은 부모의 대답을 미리 예측하고 거짓말을 하며 다툼을 피하는 것이다. 왜 이와 같은 상황이 발생하는지 살펴보면, 가정에서 부모와 아이들의 관계에 문제가 있기 때문임을 알 수 있다. 아버지도 어머니도 아이를 대등한 인격체로 보지 않는 것이다. 아이는 어린애이고 미숙해서 제 역할을 다하지 못한다고 보는 것이 일본 부모들이 가진 일반적인 사고방식이다. 그럼 아이들은 과연 언제 제 역할을 하게 될까? 일반적으로는 스무 살이 되어 성인식을 치르면 제 역할을 할 수 있다고 보지만, 이는 사회에서 결정해 내린 평가로, '세켄'이나 각 가정에서 내린 평가는 아니다.

성인이란?

정부가 각 개인의 성숙도와는 상관없이 스무 살이 되면 성인이라고 규정하였다 해도 각 개인이 가정에서 반드시 성인으로 인정을 받고 있다고는 할 수 없는 상황이다. 최근 성인식에서 소동을 피우는 초보 성인들이 증가하고 있다고 보도되어 문제가 되었는데, 그 문제의 뿌리는 이러한 상황에도 있다. 정부와는 달리 '세켄'은 과연 언제 아이가 어른이 되었다고 인정하는 것일까? 여기에 이것이다 하는 명확한 기준이 있는 것은 아니다. 예를 들면, 각 가정에서는 아이가 선생님이나 윗사람을 찾아뵐 때 간단한 선물을 준비하는 모습을 보이면 '우리 애도 어른이 다 되었구나' 생각할 것이다. 하지만 부모는 자녀의 나이가 아무리 많아도 언제나 아이로 생각하고 싶어하고, 자녀도 언제까지라도 부모에게 어리광을 부리고 싶어하기 때문에, 명확하게 어른이 되었다고 말할 수 있는 시기를 확정할 수 없다.

자녀의 이 어리광 부리고 싶어하는 마음에 대해서는 도이 다케오(土居健郎)의 저서(『甘えの構造』)도 있으므로, 여기에서는 자세히 논하지 않겠다. 하지만 이와 같은 마음에는 부모 자식 간의 관계가 개인 간의 관계로서 형성되지 못했다는 사실이 내재해 있음은 분명하다. 일본의 부모들은 아이가 몇 살이 되더라도 아이를 한 인격체로 보려고 하지 않는다. 이를 어리광과 연관해 생각할 수도 있으나, 나는 이를 어리광이라는 개인 상호 관계보다는 '세켄'이 아이를 대하는 방식으로 이해하고 싶다. 성인식에 대해 다시 언급해보면, 일본 사회, 아니 정부나 자치단체에서는 성인식을 규정할 때에 '성인의 기준을 정하여 이를 통과하면 성인으로 인정한다'고 하는 기준도 마련하지 않은 채 연령만으로 성인이 되었다고 인정해버리고 만다. 이는 무리한 방법이다. 이미 언급했듯이, 이러한 방법은 단순히 일본 '세켄'의 연령이라는 기준을 따른 것에 지나지 않는 것이다.

'세켄' 속에서 사람 만나기

일본인은 사람과 처음 만나면 먼저 명함을 교환한다. 명함에는 보통 본인의 소속이나 지위가 적혀 있다. 이 명함을 통해 상대방이 어떤 사람인지 우선 그 사람이 속한 '세켄'을 알아보려는 것이다. 명함에 적힌 것은 보통 그 사람의 사회적 위치이므로, 먼저 그 사람의 사회적 위치를 파악하고 그 다음에 어느 지역 출신인지를 묻고 출신 대학은 어디인지 알아보면서 서서히 상대방이 속한 '세켄'에서 그가 어떠한 위치에 있는지 접근해간다. 상대방의 사회적 위치를 파악하고 나면, 자신이 속한 '세켄'과 자신의 관계를 고려할 때 향후에도 개인적으로 만날 필요가 있는지 여부를 염두에 둔다. 그리고 나서 상대방의 사람 됨됨이를 살펴보는 순서로 진행된다. 사람 됨됨이 문제는 이 단계에야 비로소 문제로 떠오른다. 이때 상대방의 나이를 아는 일이 무엇보다 중요하다. 개인적으로는 만날 필요도 관심도 없는 경우라도 서로가 속한 '세켄'의 관계에서 공적인 만남이 필요한 경우도 많다. 많은 일본인은 이와 같은 만남에 많은 시간을 할애하고 있는 것이다. 이와 같은 만남 속에서도 개인적으로 만나고 싶어지는 경우도 있다. 그러한 경우에는 함께 한잔하는 자리를 만들어 '서로 툭 터놓고 지내'는 관계를 만들어간다.

'서로 툭 터놓고 지내는 만남'이란 술을 마시고 자신을 잊을 정도로 취했을 때 진정한 만남이 시작된다고 보는 것이며, 서로 술에 취한 모습을 보면서 진정한 만남을 이룰 수 있다고 보는 것이다. 그러므로 술을 마시지 못하는 사람은 사람과 만나는 일이 서툰 사람이고 만나기 곤란한 사람이라는 공식이 나오기도 한다. 항상 자신의 분수를 잊지 않고 술에 취하는 일도 없는 냉정한 사람은 주변에서 말 붙이기도 어려운 사람이라는 평가를 받게 된다. 이와 같은 일본인을 거북해하는 사람들은 외국인, 특히 구미인들이다. 구미인에게는 '세켄'이 없다. 따라서 어느 '세켄'에 속하는가 하는 문제에 관심을 가질 필요가 없다. 상대방이 속한 '세켄'을 모르니 그에 따른 사교법이 존재하지 않기 때문이다.

그래서 메이지 시대 이후, 일본이 도입한 근대화 노선에 따라 이제 일본인도 어느 정도 알게 된 합리적인 인간관계에 기초를 두고 외국인과 접하려는 움직임을 보였다. 그러나 이와 같은 움직임에는 '세켄'이 존재하지 않으므로 형식적인 대화만 오갈 뿐이다. 그 때문에 외국인은 일본인이 성실하지 못하다, 지루하다는 평가를 내리게 되었다. 특히 오늘날처럼 세계화, 국제화를 외치는 시대라면, 일본인의 '세켄'과 세계 사이의 거리는 점점 멀어져 외국인들은 일본인을 더욱 이해하기 어려워진다.

메이지 시대 이후 도입된 근대적인 인간관계란 어떠한 것이었을까? 회사나 관공서에서는 근무시간 동안 근무 규정에 따라 일을 한다. 하지만 조직이 근대적으로 바뀌었다고 해도, 그곳에서 근무하는 사람은 '세켄'이라는 틀 속에 있었으므로, 근무시간 동안에도 '세켄'이 가끔 고개를 내밀었다. 먼저 조직의 평가는 어떻게 이루어졌을까? 내 경험을 살려 '근대적인' 대학에서 이루어진 평가에 대해서 우선 살펴보고자 한다. 대학은 두말할 필요도 없이 구미에서 도입된 교육제도이다. 따라서 대학에는 오직 근대적인 조직이 형성되어 있어야 한다. 그러한 대학에서 이루어지는 평가는 우선 교원 채용에서 시작된다.

대학의 인사(人事)

대학에 따라 다양하겠지만, 공모 제도를 채택하고 있는 대학도 있다. 이 공모 제도가 정상적으로 운용되는 경우를 먼저 살펴보자. 공모에 여러 명이 응모했다고 생각해보자. 먼저 교수회의에서 심사위원이 선출되고, 이 심사위원들이 응모자의 서류를 전부 심사한다. 전공자 가운데 채용하려는 분야에 가장 가까운 연구자가 심사위원이 되므로, 논문 내용과 관련한 평가가 있고 나아가 심사위원 회의에서 논의를 더한다. 이때 응모자 중 국립대학 대학원 출신자가 있는 경우, 이 응모자에 대한 심사가 주목을 받는다. 사립학교 출신자를 좀 얕보는 경향이 있다.

심사 중에 응모자의 스승인 교수에게서 정보가 들어오는 경우도 있다. 자신의 제자를 잘 부탁한다는 내용인 경우가 많다. 특히 응모자가 심사위원 중 한 사람의 후배인 경우에는 일이 묘하게 된다. 일본의 '세켄'에서 선후배 관계는 매우 큰 구실을 하기 때문이다. 노골적으로 자신의 후배를 미는 심사위원도 있다. 또한 그 심사위원이 힘있는 교수인 경우에는 그 교수의 생각을 미루어 짐작해 그의 후배를 지지하는 심사위원도 나온다.

이렇게 심사위원의 구성과 응모자의 출신학교가 분명해진 경우 심사 결과는 더 볼 것도 없다.

이와 같은 경향에 대해 심사위원 중 한 사람이라도 이의를 제기했다고 가정하자. 이때에는 응모자의 논문 따위를 근거로 해 그 내용을 비판하는 형식으로 이의를 제기하는 경우가 많다. 이렇게 되면 인문사회 계열의 심사인 경우에는 심사에서 통과하기가 매우 어려워진다. 논문의 구성이나 논지에 의문을 제기하는 경우도 있으나, 이와 같은 경우에는 반론을 받을 가능성도 있으므로 바라던 결과를 얻지 못할 수도 있다. 따라서 비판할 때에는 반론이 불가능하게 하는 모양새를 갖추어야 한다. 그럴 때에는 자료 조사가 제대로 되지 않았다거나 용어 사용에 문제가 있다는 따위의 말초적인 방법을 써야 효과가 있다. 따라서 이렇게 응모자의 능력이나 논문의 요지를 바탕으로 해서가 아닌, 사소한 부분에서 채용할지 채용하지 않을지가 결정되는 경우가 많다.

내 경험을 하나 예로 들자면, 어느 승진 인사가 진행되고 있을 때 새벽 3시 무렵에 원로 교수에게서 전화가 걸려왔다. "여기 심사위원이 포함된 교수들이 모여 있으니까 내일 있을 심사가 걱정되면 지금 곧 오도록 하라"는 내용이었다. 마침 그때 나는 인사위원장으로 있었고, 한 승진 인사를 제안하기 전날 밤이었다. 택시를 타고 달려가보니, 요점 없이 종잡을 수 없는 말들뿐, 인사와 관련된 이야기는 나오지도 않았다. 기다림에 지친 나는 인사 건은 어떻게 되어가고 있는지 물어보았다. 그러자 다음 날 심사에 나올 예정인 한 여성 후보자가 청바지 차림으로 강의를 한다며 괘씸하다는 둥의 이야기들이 나왔다. 나는 어이가 없었으나 그들은 힘있는 교수들이고 많은 표를 쥐고 있는 사람들이었으므로, 거기서 논쟁을 벌인들 결과에 득이 될 것 같지 않았다. 나는 그 자리에서 본인에게 그 점을 잘 말해놓겠다고 말해 승진 인사에서 원하던 결과를 얻은 적이 있다.

어느 대학에서 총장이 대학의 미래 구상을 일반에 공개한 적이 있다. 그 구상에는 대학을 지역과 밀접하게 연계하면서 지역 연구에 힘쓰고자 한다는 내용이 있었다. 그러나 내가 조사해본 결과, 그 대학 연구자 중에 그 지역을 연구하는 연구자는 단 한 사람도 없었다.

여기서 각 대학의 인사가 어떻게 이루어지는지에 대해서 일반적인 상황을 언급해보면, 새로운 강좌의 정원이 정해진 경우를 제외하고는, 보통 퇴직하거나 사임한 교수의 자리를 메우는 형식으로 인사가 이루어진다. 이때 각 분야마다 교수 그룹이 형성되어 있으므로, 그 분야 교수진의 의견을 무시하고는 인사가 이루어질 수 없다. 대개는 '유언 인사'(遺言人事)라고 하여 그만두는 교수가 후임을 내정한 다음에 그만두는 경우가 많다. 개혁 성향이 강한 대학에서는 이와 같은 유언 인사를 인정하지 않고 그만두는 교수의 의향을 묻지 않는 대학도 있지만 대부분 대학에서는 유언 인사가 이루어지고 있다. 앞에서 미래 구상을 발표한 대학의 경우에는 그 분야의 교수진이 총장의 의향과는 전혀 다른 인사 계획을 가지고 있어, 총장이 발표한 미래 구상은 그림의 떡에 지나지 않았던 것이다. 이는 너무나 극단적인 예이기는 하지만, 실제로 내가 그 대학의 자문위원으로 참가해 경험한 일이다. 나는 그 점을 지적해 그 대학에 전달했으나 지금까지 아무런 대답도 듣지 못했다.

대학 안에 각 분야별 파벌이 형성되어 있어, 그 파벌의 이해가 인사를 결정짓는 것이다. 이 파벌은 대학이라는 '세켄' 속의 또 다른 '세켄'인 것이다. 교수는 자신의 후임에 대해 깊은 관심이 있다. 자신의 제자나 후배를 자신의 후임으로 앉히고 싶어한다. 이때는 그 대학의 개혁 목표 따위는 눈에 들어오지도 않고 자신의 관심만이 최우선이다. 지금까지 언급한 예는 국립대학의 경우인데, 사립대학의 경우도 마찬가지이다. 내가 알고 있는 예를 들자면, 교수가 자신의 제자뿐만 아니라 자신의 아이를 동료로 채용하는 경우도 아주 많이 볼 수 있다. 인사에서는 객관적인 평가보다도 인척 관계나 선후배 관계 쪽에 무게가 실리는 것이다.

대학과 같은 구미의 제도를 그대로 도입한 경우도 이런데 그 밖의 경우는 더 말할 필요가 없을 것이다. 최근 정치가의 2세가 뒤를 잇는 경우가 상당히 늘어나고 있다. 이 경우도 대학의 경우와 마찬가지이다.

근대적인 조직을 갖추고 있으면서도 인간관계에 따라 일이 진행될 경우에는 논리가 아닌 정이 지배하고 있다. 이는 인사 채용의 경우뿐만 아니라, 인사 전반에서도 마찬가지라고 할 수 있다. 이와 같은 일이 왜 일어나는지 생각해보면, 여기에도 역시 '세켄'이 작용하고 있음을 알 수 있다. 일본의 '세켄'에서 개인은 독립된 존재가 아니므로, 인척 관계나 출신 대학에 따라 평가된다. 이러한 과정을 거쳐 채용된 사람은 모두의 기대대로 '세켄'이라는 관계 틀 속에서 행동하게 된다.

'세켄'의 평가

일본의 '세켄'은 독자적이면서 객관적인 평가 시스템을 갖추고 있지 않다. '세켄'이 갖추고 있는 것은 주관적인 좋고 싫은 감정이다. 역사적으로 보아도 '세켄' 그 자체가 정치적 중추를 차지한 적은 없다. '세켄'은 정치적 중추에 가까이 있으면서 인재를 공급해줌으로써 명맥을 유지해왔기 때문에 근대 이후에 항상 사회의 평가를 의식해야 했다. 메이지 시대 이후 근대화가 진행되는 과정에서도 마찬가지였다. 당시의 정계나 재계의 중추와 깊은 관련을 유지하면서 그때마다 지배적인 세력을 유지하기 위해 노력해왔던 것이다.

'세켄' 속에는 개인이란 존재하지 않기 때문에, 지금도 매우 비상식적인 사건이 종종 발생한다. 예를 들면, 미야자키 쓰토무(宮崎勤)라는 청년이 유아를 살해한 사건에 관해 보도된 내용 중에 그의 아버지가 자살하고 누나의 결혼이 파기되었다는 내용이 있었다. 미야자키 쓰토무라는 성인이 된 청년이 일으킨 사건이지만, 언론에서도 그것이 개인의 범죄가 아닌 미야자키(宮崎) 집안 전체가 관련된 문제로 다룬 것이며 가족에게 연대책임을 물은 것이다. 물론 일본의 근대적인 재판 제도는 그러한 방법으로 사건을 다루지는 않겠지만 말이다. 그러나 또 다른 '세켄'에서는 개인의 문제가 아닌 집안 전체에게 연대책임을 묻는다. 여기에는 현대에도 에도 시대의 연좌제가 여전히 살아 숨쉬고 있는 것이다.

이는 일본인의 기본적인 삶과 관련된 것이기 때문에 간단하게 다룰 수 있는 문제가 아니다. 예전에 내 동료가 미국 유학에서 귀국하는 도중에 교통사고를 당해 어린 아이 하나만 남기고 모두 죽은 일이 있었다. 그 일을 들은 이웃 사람들이 한 첫마디가 "이렇게 어린 아이 하나만 살아남다니 불쌍하기도 해라"였다. 그 말을 들은 그 아이의 할아버지가 "어째서 이 아이만이라도 살아서 다행이라고 말해주질 못하는가" 하며 화를 냈던 기억이 선명하게 남아 있다. 이웃 사람들의 이와 같은 말은 이성적인 말이 아니라 동정하는 마음으로 내뱉은 말이겠지만, 이러한 말에도 한 사람 한 사람의 인격을 인정하지 않는 이 나라 '세켄'의 존재 방식이 반영되어 있는 것이다.

다 자라 성인이 된 자녀가 일으킨 사건이라도 부모가 사죄하는 모습, 일본의 '세켄'은 그러한 부모의 자세를 긍정적으로 보는 것이다. 개중에는 엄청난 범죄를 저지른 아들을 극형에 처해달라고 하는 부모도 있었다. 자신의 아이를 극형에 처하고 싶은 부모가 정말 있겠는가? 이 경우 일본의 '세켄' 속에서 살아가는 부모로서는 이렇게 말을 해야만 살 길이 열리는 것이어서, '세켄'에 마음에도 없는 소리를 하는 것이다. 아직 성인이 안 된 아이가 저지른 범죄도 마찬가지인 듯 보이지만, 성인이 된 자녀가 저지른 범죄와는 성격이 다르다는 생각이 든다. 미성년자의 경우에는 부모도 책임에서 벗어나기 어렵다는 의견이 종종 강하게 제기되기 때문이다.

소년법 문제

미성년자의 범죄가 발생했을 경우 항상 소년법 개정이 화제에 오른다. 소년법은 일본의 근대적 법제 안에서 제정된 법이며, "비행 소년에 대해서 성격 교정과 함께 환경 조정에 관한 보호처분을 실시함과 동시에, 소년과 소년의 복지를 해치는 성인 형사사건에 대해서 특별 조치 강구를 목적으로 한다"는 것으로, 미성년자 보호를 목적으로 한다. 그러나 이와 같은 처우에 반대하는 사람들은 '세켄'의 목소리를 대변한다.

부모가 아이와 함께 단 세 식구만 살아간다면 모를까, 아이 역시 어릴 적부터 TV와 같은 매체를 통해서 사회와 접한다. 어린아이가 저지른 사건은 그런 의미에서 사회에 공동 책임이 있다. 그런데 항상 부모의 책임만을 추궁하는 목소리가 높다.

이는 '세켄'의 목소리이다. 예를 들면, 나가사키(長崎)에서 12세 소년이 저지른 유아 살해 사건에 대해서 살펴보자면, 우리는 마음 한구석에서 "그렇게 어린아이 혼자서 게임방에 가는데 부모는 왜 그냥 두고본 거야" 하며 부모에게도 책임이 있다고 생각한다. 그러나 이는 마음 한구석에서 드는 생각에 불과해 입 밖으로 내지는 못한다. 가해자 부모에 대해서도 아이를 기르는 방법에 문제가 있었던 것은 아닌지, 이혼한 상처가 아이에게 남아 있던 것은 아닌지, 갖가지 생각을 하기도 한다. 그러나 이러한 생각을 절대 입 밖에 내지는 않는다. 왜냐하면 가해자의 경우든 피해자의 경우든 누구보다도 먼저 그 부모들이 이러한 생각을 하면서 괴로워하고 있을 것이기 때문이며, 또한 우리는 재판관이 아니기 때문이다. 하지만 이 사건의 경우는 상황이 크게 달랐다. 고노이케(鴻池) 청소년육성추진본부 부본부장이 "범죄를 저지른 아이의 부모는 모두 밖으로 끌어내야 한다. 부모를 끌어내 시중에 조리돌리기라도 해서 벌을 주면, 부모도 아이도 태도를 고쳐 조심하게 될 것이다. 몇 년 전에 일어난 고베(神戶) 사건의 부모는 물론 오키나와(沖繩)와 나가사키 사건의 부모들을 조리돌리고 나서 참수형에 처해야 한다"고 발언한 것이다.

이러한 발언에 대해서 커다란 반향이 있었다고 한다. 이는 '세켄'의 목소리를 크게 높여 신문지상에서 한 발언이며 '세켄'에 영합한 발언이다. 세리자와 슌스케(芹澤俊介)는 시부야(涉谷)에서 발생한 소녀들 사건과 관련한 이 발언에 대해서 "소녀들이 처한 위기를 자신의 책임으로 인식해야 하는 위정자의 자세를 완전히 망각한 태도"라고 지적했다. 그리고 "공식적으로 내야 하는 목소리와 속으로 작게 속삭여야 하는 목소리를 구분해야 하는데 공공연한 자리에서 누구나 들을 수 있는 목소리로 발설해버리고 말았다. 공식적인 목소리와 심중의 작은 속삭임을 구분해 사용할 줄 알았던 일본인이 결국 작은 속삭임까지도 공공연한 자리에서 말하기 시작했다. 이는 일본인의 심적 구조 상태가 그 뿌리부터 흔들리기 시작하였음을 보여주는 것이 아닐까? (중략) 그런데 우리는 우리도 모르는 사이에 위험 요소를 제로 상태로 만들려는 발상에 사로잡혀버렸다. 어느 정도 위험 요소를 안고 노력해가는 마음이 점점 사라지고 있다"(芹澤俊介, 「長崎少年事件にみる子供と親の罪と罰」, 『論座』, 2003년 9월호)고 보았다. 이는 매우 중요한 지적이다.

'세켄' 속의 역사

이와 같은 '세켄'은 생각보다 훨씬 좁은 곳이어서 외국인을 이 '세켄' 속에 포함하지 않는다. 이미 살펴보았듯이, 메이지 시대에는 히닌(非人)과 같은 피차별 부락민도 이 '세켄'에 포함되지 못했지만, 외국인 역시 여기에서 배제되었던 것이다. 이 점은 지금도 크게 변하지 않았다. 이와 같은 '세켄' 속에서 자라 '세켄' 속에서 살아가는 사람에게 역사는 어떤 의미를 갖는 것일까? 메이지유신으로 세계의 여러 나라와 새로운 관계를 맺으면서 마지못해 역사에 참여하게 된 일본은 이미 에도 막부 말엽부터 여러 외국의 역사, 특히 구미 여러 나라의 역사서를 번역해 소개했다.

에도 막부 말인 1854년에 임칙서(林則徐)가 중국어로 번역한 『아묵리가총기』(亞墨利加總記)를 다시 일본어로 번역했고, 1874년에는 사범학교에서 편(編)한 『만국사략』(萬國史略)을 출판했다. 1897년에는 세뇨보의 『문명사』(文明史)가 번역되었고 1870년에는 칼라일의 『크롬웰』을 도가와 슈코쓰(戶川秋骨)가 번역했다. 이처럼 구미의 역사서는 단기간에 아주 많은 양이 번역되었다. 이와 같이 구미의 역사서가 대대적으로 소개되고 있던 반면, 메이지 정부는 고대부터 정비되어온 군사, 조세, 토지, 교통, 통신을 비롯한 제도의 연혁 조사에 착수해 결국에는 국사편찬으로 이어갈 시도를 하고 있었다. 메이지 정부는 이를 전담할 태정관(太政官) 수사국(修史局)을 설치했고 1895년에 이 수사국은 제국대학 문과대학 사료편찬계로 개편되었다. 현재 도쿄 대학 사료편찬소의 전신이다.

관학(官學) 아카데미즘의 탄생

1887년에 독일에서 랑케의 제자인 루트비히 리스를 초빙해 지도를 받아 도쿄 제국대학 문과대학에 사학과를 개설했다. 1889년에는 사학과에서 국사학과(일본사학과 — 옮긴이)를 분리했고 1901년에는 동양사학과를 개설했다. 1891년에는 교토 제국대학을 개교했고 그 후 많은 대학이 설립되는 가운데 관학 역사학이 탄생했다. 한편 1889년에는 『사학잡지』(史學雜誌)가 창간되어 관학 역사학의 중심이 되었다. 서구에서 도입된 관학 역사학은 독일의 문헌학 전통을 계승해 실증주의를 중시했는데, 모든 면에서 서구 역사학의 영향을 강하게 받았다.

관학 아카데미즘이라고 부르는 이러한 역사학은 처음에 천황이나 국가신도(國家神道)에 관한 연구를 크게 제약했다. 그 예를 하나 들어보면, 구메 구니타케(久米邦武) 사건을 들 수 있다. 구메 구니타케는 사가번(佐賀藩) 출신으로 이와쿠라 사절단(岩倉使節團)과 함께 유럽을 방문하고 그에 대한 공식 보고서를 편찬했다. 그 후 수사국(修史局)의 편집관으로 일하다가 도쿄 대학 문과대학 교수로 국사학과에서 강의했다. 구메 구니타케는 리스에게 배운 실증사학의 학풍을 기초로 하여 미토(水戶)의 『대일본사』(大日本史)와 라이 산요(賴山陽)의 『일본외사』(日本外史)가 '대의명분론적·권선징악 사관'에 바탕을 두고 정리한 사실(史實)임을 비판적으로 고증하면서 사람들에게 '말살파'(抹殺派)라는 말을 들었다. 그리고 「다이헤이키는 역사학에 도움이 되지 않는다」(太平記は 史學に益なし)는 논문을 『사학잡지』에 발표한 데 이어 「신도는 옛 제천풍속」(神道は祭天の古俗)이라는 논문을 발표했는데, 신도 측에서 크게 반발해 결국 대학을 그만두어야 했다. 구메 구니타케는 서구를 직접 돌아보고 합리주의적인 역사 해석을 주장했던 것인데, 당시 국수주의적인 풍조가 만연한 분위기 속에서 한발 물러설 수밖에 없었던 것이다.

민간에서는 야마지 아이잔(山路愛山)과 다구치 우키치(田口卯吉)와 같은 인물들이 활발하게 사론(史論)을 전개하며 활동하는 양상이었지만, 관학 아카데미즘은 그 후에도 이전과 크게 다르지 않은 길을 걸었다.

하지만 내가 여기에서 살펴보고자 하는 것은 관학 사학도 민간의 사학도 아니다. 바로 '세켄' 사람들이 역사를 대하는 태도이다. 일반 사람들이 역사를 보는 태도를 관찰하기 위한 방법에는 여러 가지가 있겠지만, 나는 그 시대를 산 내 부모님을 먼저 살펴보고자 한다. 내 아버지는 초등학교를 졸업하자 상경해 자전거 가게에서 일했고 나중에 자전거 가게를 직접 운영한 분인데, 당시 우리 집에는 전쟁 중에 다니자키 준이치로(谷崎潤一郎)가 옮긴 『겐지모노가타리』(源氏物語)와 이유는 알 수 없으나 피히테의 『독일 국민에게 고함』 외에 또 한 권의 책이 있었는데 그것이 우리 집에 있는 책의 전부였다. 나머지 또 한 권의 책이름은 『일본국사 에모노가타리』(日本國史繪物語: 그림으로 읽는 일본국사)로 기무라 시슈(木村子舟)가 편(編)한 책이며 1884년에 황국일본사(皇國日本社)에서 간행했다. 내가 지금 가지고 있는 책에 초판 5천 부, 재판 1만 부라고 되어 있는 것으로 보아 당시 상당히 잘 팔린 책이었던 모양이다.

『일본국사 에모노가타리』(日本國史繪物語)

이 책은 정월 초하루부터 12월 31일까지 각각의 날에 역사상 무슨 일이 일어났는지를 기록한 책이다. 각 쪽의 상단에는 그날 일어난 사건과 관련된 그림이 그려져 있으며 하단에는 설명을 실었다. 예를 들면, 1월 1일

쪽은 도요토미 히데요시(豐臣秀吉)에 관한 내용이 실려 있다. 히데요시가 태어나서 죽을 때까지 업적을 기록하고 있으며 상단에는 히데요시가 '중국 명나라와 조선 정벌'을 위해 떠나는 배를 전송하는 그림이 그려져 있다. 1월 2일은 울산성 전투를 기술하고 있는데, 정유재란 때 가토 기요마사(加藤淸正)가 활약하는 모습을 그림으로 그렸다. 역사상 일어난 사건과 역사적 인물을 주된 대상으로 했으며, 독자가 그날이 무슨 날인지 알 수 있게 구성되었다. 그렇지만 그 사실(史實) 선택이 지나치게 자의적이며 전투 관련 서술이 많고, 신란쇼닌(親鸞上人)과 구야쇼닌(空也上人)에 관해서도 다루고 있다.

일반 서민이 일상생활 속에서 역사와 관련을 맺는 일은 보통 이와 같은 형태였을 것이다. 오늘이라는 날이 역사상 어떤 사건 또는 어떤 인물과 관련이 있는지를 이러한 책을 통해 알 수 있었고 사람들과 대화를 나눌 때 화제에 올리기도 했을 것이다. 그러나 이와 같은 형태의 역사는 과거 어느 날 또는 어느 인물을 상기시키는 일에 불과하며, 그날부터 지금까지 지나온 시간의 경과를 무시해버리는 경향이 있다. 이는 마치 생일을 축하하는 것과 같아, 몇십 년 전 오늘 자신이 태어난 일을 그 사이의 시간을 뛰어넘어 확인하는 경우와 마찬가지일 것이다.

이와 같은 방법으로 역사와 만나는 것은 일본의 달력과도 서로 통하는 방법이다. 이미 앞에서 살펴보았듯이, 일본에는 국가의 달력과 '세켄'의 달력, 두 종류의 달력이 있다. 이들은 모두 공통된 구조를 가지고 있으며 모든 기재 사항은 둥근 고리 모양을 한 시간 속에 자리잡고 있다. 진무 천황(神武天皇) 즉위제나 천황 생일도 일 년에 한 번 축하하며 이 일은 매년 반복된다. 그런데 구미 지역의 달력은 크리스마스든 부활절이든 일 년에 한 번 축하하는 축제인 것은 틀림없으나, 부활절 50일 후 성령강림제처럼 각각 그날에 직선적인 시간이 함축되어 있다. 이렇게 구미의 달력과 일본의 달력에는 기본적인 차이가 있다. 구미의 경축일 역시 매년 반복되는 경축일이지만, 크리스마스든 부활절이든 예수가 태어난 그날만을 축하하는 경축일일 수는 없다. 예수의 죽음과 부활은 지금도 매일 거행되는 미사에서 반복되고 있기 때문이다. 이와 같은 시간 의식이 일상적으로 미사를 통해 녹아든 구미 사람들의 역사에 대한 감각과 둥근 고리 모양의 시간 의식 속에서 매일을 살아가는 일본인의 역사 감각은 기본적으로 역사 의식을 다르게 만들었을 것이다.

그런데 메이지 시대 이후 일본에 도입된 구미의 역사학은 바로 이와 같은 시간 의식 속에서 형성된 것이었다. 구미 역사학의 형성 과정에 대해서는 여기에서 자세히 서술하지 않겠지만, 리스를 통해 일본에 소개된 역사학은 바로 이와 같은 역사의식 속에서 태어난 것이었다. 따라서 문제가 발생하게 되는 것이다. 매일을 둥근 고리 모양과 같은 시간 의식 속에서 살아가는 일본인이 직선적인 시간 의식을 중심으로 형성된 역사학을 어떻게 수용할 수 있는가 하는 문제이다. 당시에는 이 문제를 그다지 큰 문제로 여기지 않았다. 왜냐하면 일본이 우선 도입하려고 한 것은 공학을 중심으로 한 자연과학의 성과였으며 자연과학의 성과들이 어떠한 의식을 가지고 있든, 어느 나라 사람이든, 누구나 이용 가능한 것이었기 때문이다.

개인이라는 말에 대한 이해

일본의 역사가들은 구미에서 도입된 근대적인 역사학을 마치 자연과학을 수용하듯이 도입했다. 그때 객관성을 중시한다는 형식을 빌려, 연구 주체로서 자기 성찰을 통하지 않고 사료 속으로 파고들었던 것이다. 그 당시 1884년에 만들어진 개인이라는 말은 좋은 버팀목이 되었을 것으로 생각된다. 학자들은 일본어로 만든 개인이라는 말이 구미의 개인과 전혀 다른 용어라는 점을 깨닫지 못했다. 아마 지금도 대부분 깨닫지 못하고 있는 것 같다. 이처럼 구미의 작품을 번역하고 구미의 역사학에서 문제로 삼고 있는 과제를 일본에서도 과제로 삼아 그것을 소개하는 데 엄청난 에너지를 쏟고 있었던 것이다. 이와 같은 상황은 지금도 크게 변하지 않았다.

이러한 문제는 역사학 분야에서만 일어난 것이 아니다. 문학과 같은 분야에서도 마찬가지이다. 리스가 소개한 실증주의적 방법에 따라 일본사의 사건들을 해명하고자 한다면 정치적 사건에 대한 평가도 이루어져야 한다. 실증주의적 방법은 객관성을 동반하므로, 자기 주관에 바탕을 둔 감정을 접고, 발생한 사태를 관찰해야 한다. 그러한 관찰 방법을 연마해가면, 학문뿐만 아니라 일상생활에서도 그와 같은 관찰 방법을 발휘할 수 있게 될 것이다. 그러나 일상생활의 장에서는 학자도 '세켄' 속에서 살아가고 있어, 객관성은 고사하고 인정이나 인연을 통해 인간관계를 만들어간다.

그 당시 가옥 구조에서 비슷비슷한 서양식 방을 현관 옆에 만드는 집이 상당히 많았다. 다른 방들은 일본식 다다미방이고 주인의 서재만 서양식으로 꾸몄던 것이다. 학자들도 그러한 집에 살면서 그 서재에서 서구식 사고에 잠겨 있었을지도 모른다. 이렇게 학자 자신이 근대적인 사고 방법과 '세켄'의 행동 양식이라는 두 가지 가치 사이에서 분열되었던 것이다. 그러나 많은 학자들은 이를 깨닫지 못했다. 자신은 새로운 서구 문명을 받아들여 근대화의 전사로서 열심히 노력하고 있는 존재임을 자신하고 있었던 것이다.

역사 연구에는 방법이 필요하다. 실증주의적 방법은 그 방법 중에 하나지만 이론은 아니다. 실증주의적 방법에 따라 역사 연구를 한다는 것은 자신의 생각이나 역사관에 근거해 역사적 사상(事象)을 살펴본다는 것과 다를 게 없다. 그러나 그런 경우에 일본에서는 앞에서 언급한 것과 같은 문제가 발생하므로, 대부분의 학자들은 이러한 방법을 취하지 않고 구미의 이론을 연마해 그것에 근거해 역사를 살펴보려고 했다. 구미의 학문 세계는 그러한 이론에 부족함이 없었다. 그리하여 여러 가지 이론이 소개되었고 그 중에서도 카를 마르크스와 막스 베버의 이론이 쌍벽을 이루었다. 일본사 분야에서도 많은 학자들이 마르크스 이론에 따라 일본사를 연구해 그 나름대로의 성과를 올렸다.

현재 일본인이 지닌 에도 시대에 대한 이미지는 대부분 이와 같은 학자들을 통해 형성되었다. 예를 들면, 에도 시대의 농민들은 많은 부역이나 부담을 떠안으며 간신히 살아가는 상황이었다고 우리는 배웠다. 그러나 에도 시대에 일본에 왔던 외국인들은 일본인의 표정이 풍부하고 행복한 생활을 한다고 묘사했다. 경제적인 부담이 가벼웠던 것은 아니나 일상생활에 만족하며 사는 사람도 의외로 많았던 것은 아닐까 하는 생각이 든다. 마르크스의 이론을 따른 학자들은 에도 시대 농민들의 부담에는 관심이 있었으나 그 마음속까지 관심이 닿지 않아 그들의 표정을 읽어내지 못했던 것이다. 마르크스의 이론에 따른 학자는 많았으나, 막스 베버의 이론에 따른 역사 연구는 의외로 적다. 이는 베버의 연구가 기본적으로 유럽의 특수성을 해명하고자 한 이론이었기 때문에 일본사에 응용하기가 쉽지 않았던 탓이다.

이와 같이 살펴보다 보면, 일본의 '세켄'에는 역사의식이 함양될 만한 장이 없었던 셈이다. '들어가는 글'에서 서술했듯이, 역사의식을 "사회 현상을 시간적 계기(契機)에 따라 파악해 그 추이에 주체적으로 참여하고자 하는 의식"이라고 파악한다면, 일본의 '세켄'에는 그러한 계기를 찾을 수 없다. '세켄' 속에서 살아가는 사람들에게 역사는 어디선가 갑자기 닥쳐와 벌어지는 사건이며, 지나가기를 기다리는 수밖에 없는 그런 종류의 것이었다. 그러나 현대를 살고 있는 한, 역사와 날마다 맞서 싸워야 한다. 예를 들면, 이라크 전쟁에 어떻게 대처해야 하는가 하는 문제에 대해서 날마다 고민해야 하는 것이다.

이런 경우, 일본의 정치가들은 어떻게 행동할까? 기본적으로는 '세켄' 속에서 사는 방법을 기본으로 해 대응하는 것처럼 보인다. 이러한 정부의 대응에 대해 언론은 크게 비판하고 있다. 그 비판은 휴머니즘이나 보편주의에 선 비판이며 그 나름대로 설득력도 있다. 그러나 '세켄'에는 그러한 휴머니즘이나 보편주의는 존재하지 않으므로, '세켄'의 주민인 정치가가 그와 같은 생각을 가지고 행동에 나서는 일은 없을 것이다.

학자들의 일상생활

다시 학자들 이야기로 돌아가보자. 구미에서 도입된 근대적 학문을 받아들인 일본 학자들은 그와 같은 학문 풍토 속에서 연구 활동을 하면서 자신이 태어나고 자란 일본의 풍토와 '세켄'에 대해 곰곰이 생각해보지 않았을까? 적어도 서양사 연구자는 연구 활동을 하면서 서구 사회의 실정을 보고 들어 그것이 자신이 태어나고 자란 일본 사회나 '세켄'과 다르다는 점에 관심을 기울이지 않았을까? 많은 학자들은 구미 땅을 밟고 거기서 일본과 전혀 다른 사람들의 생활 모습을 보고 들으면서도 구미인들의 일상생활 속까지 들어가보려는 노력은 하지 않았다. 과연 그 이유는 무엇일까?

그 원인은 구미의 근대적 학문이 가진 본연의 모습에 있었다. 이미 1936년에 에드문트 후설은 『유럽 학문의 위기와 선험적 현상학』에서, 19세기 후반 무렵부터 학문에 관한 일반적인 평가의 전환이 나타났다고 지적하고, 다음과 같이 말한다.

이 평가의 전환이라는 것은 학문의 학문성에 관한 것이 아니라 오히려 학문 일반이 인간의 생존에 무슨 의미였는지, 그리고 무슨 의미가 될 수 있었는지 하는 점에 관한 것이다. 19세기 후반에 근대인이 가진 모든 세계관은 오직 실증과학에 따라 철저하게 규정되었고, 또한 실증과학에 힘입은 '번영'에 따라 철저하게 현혹된 감이 없지 않은데, 이 철저함이란 진정한 인간성에 대한 결정적인 의미가 있는 문제로부터 눈을 돌리는 무관심, 그런 것을 의미했다. 단순한 사실학(事實學)은 단순한 사실인(事實人)만을 육성한다. — 학문이면서 객관적인 진리란 오직 세계가, 다시 말해 물리적 · 정신적 세계가 사실상 무엇인지를 확정짓는 것인 셈이다.

갈릴레이가 측정술을 개발해 자연을 수학화한 뒤부터 공간과 시간을 객관적으로 파악할 수 있게 되어, 중세와 같은 주관성은 사라져갔다. 그 결과, 근대적 세계관이 탄생해 우리도 일단 그 세계관에 따라 살아가게 되었다. 정신적인 것과 관련해서도 물리학적 자연 파악과 자연과학적 방법이 규범으로 자리잡았고, 인문과학이나 사회과학에 자연과학적 관찰 방법이 적용되었다. 또한 객관적 진리라는 말이 모든 학문적 인식의 규범으로 자리잡게 되었던 것이다. 이렇게 학문은 사실을 분명하게 하는 학(學)으로 자리잡아 생(生)에 대한 의의를 상실했다고 후설은 말한다. 이리하여 객관적 · 이념적 세계가 보편적 세계이며, 진실은 거기에서만 해명된다고 보아, 우리가 보내는 일상생활은 상대적이고 모호한 세계로서 학문의 대상이 될 수 없다고 여겨져왔다.

일본 아카데미즘의 서양사 연구 상황을 살펴보면, 외교사를 중심으로 한 정치사, 그리고 전후(戰後)에는 경제사가 주류를 이루었으며, 후자에서는 이론이 우위에 서 있었다. 사료를 파고드는 실증적인 연구에서도 객관적인 문헌학적 방법이 중시되었다. 생활 세계와 관련해서는 최근 사회사 연구가 이루어지면서 그 속에서 그나마 관심을 끌기 시작했는데, 이 경우도 구미의 연구를 바탕으로 한 생활사로서 연구자 자신을 포함한 생활사는 아니었다. 이러한 모습으로 서양사 연구에서도 서양의 제반 사상(事象)을 관찰하는 가운데 서양 사회 속에 흐르는 합리성과 저항권에도 주목했으나, 이 경우 역시 서구의 특이성으로 받아들여져 연구자 자신의 일로 흡수되는 계기로 발전하지는 못했던 것이다.

서양사 연구자 역시 자연과학자와 마찬가지로 서양의 제반 사상을 객관적 대상으로 관찰했기 때문에, 관찰 결과를 알면 그것으로 결과에 만족해버리는 경향을 보였다. 개중에는 서양 학자와 어깨를 나란히 하며 경쟁하는 연구자도 있었으나, 이는 서양 학회에 업적 하나를 남기는 정도의 의미는 있었겠지만 그 연구자 자신이 속한 일본과의 관계에는 이렇다 할 의미를 제공하지 못했다. 다만 일본에도 학회가 존재하기는 했지만, 이 학회라는 곳에서는 서양 학문에 대한 강한 열등감 탓에 서양에서 발표·간행된 연구 작품이 있을 경우 그것만으로도 어떤 형태로든 평가를 받았다고 한다.

이처럼 서양사 연구자의 경우도 역사 연구와 자신이 영위하는 생활의 장은 완전히 단절되어 있었던 것이다. 앞에서 언급한 가옥 구조를 예로 들면, 역사학자는 서구풍 서재에서는 근대 역사학의 성과를 공부하면서도 일본풍의 본채로 돌아가면 가족과 자신의 연구에 관해 서로 이야기 나눌 방법조차 모른 채, 연구와 생활 사이에서 완전히 단절되어 있었다. 물론 서구의 학자는 사정이 달랐다. 그들은 보편적 객관적 세계를 구축하고자 갈릴레이와 데카르트의 전통에 서서 근대적 세계관을 구축했다. 이는 구미의 자본주의 전개와 함께 아시아에도 밀어닥쳐 일본도 그러한 세계관을 공유하면서 근대적 국가를 건설하고자 했다. 근대적 국가의 건설은 동시에 역사에 대한 재검토를 필요로 한다. 메이지 정부가 훗날 사료편찬소로 이어지는 사료 편찬 사업에 역량을 쏟아부은 것도 그 때문이었다. 제국대학의 국사학과는 메이지 정부에 이르기까지 일본 역사를 정립하려는 목적에서 설립되었다.

제8장

서구의 역사의식과 역사학

근대적 역사학의 성립

근대적 과학기술과 마찬가지로, 근대적 역사학 역시 근대국가 건설을 위한 강력한 무기가 되어야 한다는 주장이 일반적이었다. 유럽에서는 1793년 국민공회(國民公會)에서 그때까지의 기독교 달력을 폐지하고 1792년 9월 22일을 신세계 달력의 원년으로 결정했다. 그러고 나서 20년도 채 지나지 않은 1810년에 베를린 대학에, 1812년에는 소르본 대학에 역사학 강좌가 개설되었다. 헤이든 화이트에 따르면, 유럽의 위대한 역사학자는 모두 국민공회의 결정이 있고 나서 사반세기 안에 태어났다고 한다. 1795년에 랑케, 1798년에 미슐레, 1805년에 토크빌, 1818년에 마르크스와 부르크하르트가 태어났다. 이들 역사학자들은 각자 조금씩 차이는 있으나, 새로이 대두된 국민국가의 존재 이유를 역사 속에서 찾으려고 했다.

일본의 제국대학에서 교수직에 있던 역사학자들도 아마 이들과 같은 열정으로 국사 연구에 힘을 쏟았을 것이다. 새 국가를 위해 국가의 일원으로서 일을 하고 있다는 자부심도 있었을 것이다. 그렇게 생각하며 일을 하는 한 자신의 발밑에서 무슨 일이 벌어지는지 살필 여유는 없었을 것이다. 그 중에서 나중에 설립된 도쿄 상과대학(東京商科大學 : 현재의 一橋大學)의 경우에는 국립대학이지만 사정이 약간 달랐다. 도쿄 상과대학은, 당시 정부의 정책이 주로 법제와 공학에 치중해 경제와 경영학에는 전혀 손도 대지 못한 점을 간파한 사람들이 사립으로 긴자(銀座)에 있는 도미 요리 전문점 건물 2층에 상법강습소(商法講習所)를 개설하면서 출발했다. 모리 아리노리(森有禮)와 도미타 데쓰노스케(富田鐵之介)가 미국에서 윌리엄 휘트니를 교장으로 초빙할 계획이었다. 여러 가지 어려움이 있었으나, 가쓰 가이슈(勝海舟) 일행의 기금과 후쿠자와 유키치와 니시 아마네 일행의 협조도 얻어 얼마 뒤 이 학교는 도쿄 부립(東京府立)인 도쿄 고등상업학교로, 1920년에는 도쿄 상과대학으로 승격했다.

도쿄 상과대학의 역사학

도쿄 고등상업학교 시절부터 이미 경제사 강의가 진행되는 가운데 후쿠다 도쿠조(福田德三)가 이 학교에서 교편을 잡고 있었다. 후쿠다 도쿠조는 독일 뮌헨 대학에서 루조 브렌타노의 지도를 받으면서 그의 권유로 『일본의 사회적 경제적 발전』이라는 독일어로 된 저서를 발표했다. 그 뒤에 우에하라 센로쿠(上原專祿) 교수가 경제사 강좌를 담당했는데, 우에하라 교수는 역사학을 "경험과학의 하나로, 사실 관찰, 사실과 사실의 상호 관련성 파악"을 탐구하는 학문으로 규정하고, "선험적으로 전제된 어떠한 개념으로 현실을 처리하는 것이 아니라, 말하자면 이 생활 현실의 하나하나를 자신의 눈으로 관찰하면서 주시하는" 것이라고 했다. 그러기 위해서는 당연히 사료 수집이나 비판을 해야 하는데, 수집한 사료에 사료 비판을 가하면서 연구해간다고 해서 저절로 역사상을 그릴 수 있는 것은 아니다. 여기에 우에하라 교수가 언급한 역사학의 기본적인 문제의식이 있는 것으로 생각된다.

일본 역사학 연구는 제2차 세계대전까지 '역사 연구를 하고자 한다면, 사료를 정성을 다해 모으고 그것을 충실하게 읽어가면 저절로 역사상을 그릴 수 있게 된다'는 전제 위에 서 있었기 때문이다. 우에하라 교수는 이러한 역사학 연구를 반성하며 원리적인 문제점을 지적했던 것이다. 그 첫 번째 문제점이 다음과 같은 국민과 전문적인 연구자 사이의 관계 문제이다. 제2차 세계대전 중에 일본 역사학이 편향된 모습을 보였던 원인 가운데 하나는 일반 국민과 전문 연구자가 서로 다른 영역에 속한다고 보는 사고방식 때문이었다.

> 고대를 파악하기 위해서는 전문 기술과 전문가적 훈련이 필요하다는 이유로 고대사 연구의 전문가라는 존재는 고대에 대해서 일반 국민과 전혀 다른 관심을 가져도 된다고 생각하는 자가 있다면, 이는 참으로 괴상한 일이라고 생각한다. 이는 반대로 생각하면, 만약 일반 국민이 유럽 고대라는 시대에 관해 정말 알고자 할 경우 결국 전문가적 훈련을 거치지 않으면 해결할 수 없는 엄청나게 많은 문제에 봉착하게 된다는 말이 아닌가? 다시 말해, 일반 국민용 유럽 고대와 전문가용 유럽 고대라는 두 가지 유럽 고대가 있을 리

없으므로, 일반 국민이든 전문 학자든 관심 분야를 파악하는 방법은 하나여야 하는 것이다. (중략) 유럽 고대라면 유럽 고대를 연구하는 의미, 왜 유럽 고대를 연구하는가, 또한 어떠한 문제 시각이나 관점에서 유럽 고대를 다루려고 하는가, 그러한 유럽 고대 연구의 의미와 유럽 고대를 살펴보고자 하는 관점이나 시각은 어떠한 것이어야 하는가 하는 점과 관련하여 학자가 국민과 유리되어 있다면 이는 이상한 일이다. (중략) 즉, 전문가라는 존재는 국민의 문제의식, 국민의 문제에 대한 관심을 항상 돌아보면서 국민과 따로 연구하는 것이 아니라 자기 자신 역시 국민의 한 사람으로서 연구하는 것이라는 의식과 태도가 반드시 필요하다.

서양사, 일본사, 동양사의 구분

이 점에 대해서 우에하라 센로쿠 교수는 전문 영역이라는 것이 지금까지 학문 내부의 논리적 필연에 따라 생겨난 것은 아니라는 점을 지적했다.

> 지금까지 일본에서 일본사, 동양사, 서양사 이렇게 세 갈래로 역사 연구나 역사 교육을 진행해온 것은 메이지 시대 때부터 있었던 일본인의 정치의식이 학문 연구나 역사 교육에 그림자를 드리운 결과에 불과한 것으로, 학문 연구만을 생각할 때에 그렇게 세 갈래로 나누어 연구할 필요는 없었거나 그럴 만한 필연성은 없었다고 생각한다. 일본사, 동양사, 서양사 이렇게 세 갈래로 나누는 구분법의 바탕에는 무엇보다 우선 메이지 시대 일본인의, 어떤 특정한 구조의 정치의식이 깔려 있었던 것으로 생각된다. 즉, 메이지 시대

에는, 오늘날과 다르지만, 일본인은 정치적 자기의식에서 일본이라는 존재를 자각했다. 그 일본에 대해서 정치적·경제적으로 적극적인 공세를 전개해오는 것, 영향력을 뻗쳐오는 것으로서 서양이라는 존재를 생각했다. 그 공세와 영향력을 받으면서 서양과 마찬가지로 일본이 공세와 영향력을 미치는 대상, 일본의 활동 범위로서 아시아 여러 지역을 동양으로 파악했다. 다시 말해, 이러한 구조를 가진 일본인의 정치의식을 역사 연구에 투영한 것이 바로 세 갈래로 나뉜 역사 구분법이다.

우에하라 교수는 일본사, 동양사, 서양사라는 구분이 갖는 의미를 이처럼 파악하고 새로운 역사학을 기존의 일본사, 동양사, 서양사라는 구분법에 안주하여 연구해서는 안 된다고 판단했다.

우에하라 교수가 기존의 역사 구분법에 대해 이와 같은 판단을 내릴 수 있었던 것은 어떠한 배경에서였을까? 제국대학의 사학과와 달리 도쿄 상과대학에서는 경영학과 경제학이 모두 실학이었으며 그러한 분위기 속에서 경제사와 역사학은 실학을 전공하는 학자들 눈에 의문시되는 분야였다. 내가 마스다 시로(增田四郎) 교수에게 들은 이야기인데, 우에하라 교수는 연구실에서 "역사학을 우리 대학의 중심적 존재로 만들어 갑시다"라고 동료들과 이야기를 나눈 일이 있다고 한다. 내가 알고 있는 우에하라 교수의 이미지로는 상상하기 어려운 일이나, 젊은 시절의 우에하라 교수 모습이 아닐까 생각한다. 어찌됐든 제국대학이라면 생각하지 못할 시각이었다.

그러나 우에하라 교수 역시 자신의 연구를 진행하는, 자기 자신이 서 있는 바로 그곳까지는 눈을 돌리지 못했다. 다시 말해, 내가 논의해온 '세켄'과 역사학의 관계에 대해서는 아무런 언급도 하지 않았던 것이다. 우에하라 교수는 자기 자신을 대중이라고 규정했다. 이와 같은 자기 이해에 문제가 있었다고 보지만, 이 무렵 역사가로서 이러한 수준까지 역사학의 사회적 의미를 분석한 이도 없었으므로, 그러한 점은 충분히 평가해야 할 것이다. 그렇다 하더라도 결국 우에하라 교수의 사색이나 행동 양식은 모두 엘리트의 사색이며 행동 양식이었던 셈이다. 그러한 교수가 자신을 대중 가운데 한 사람으로 규정했다는 것은 교수의 겸손한 자세로 볼 수도 있지만, 내가 보기에 교수와 일반 대중 사이에는 상당한 거리가 있었다. 우에하라 교수는 이른바 '세켄'에서 의식적으로 벗어나 있었던 것이며 일본에서는 보기 드문 사람 가운데 한 사람이라는 점은 확실하다.

서구 역사의식의 문제

여기서 서구의 역사의식 문제로 눈을 돌려보자. 이 문제에 들어가기 전에 서구 사회에 대해 대략적이나마 살펴보아야 할 것이다. 여기서 문제가 되는 것은 지식인과 일반인들의 관계에 관한 문제이다. 일본 사회에는 이미 언급하였듯이 '세켄'이라는 생활 형태가 있으며 이는 지식인이든 일반인이든 모두에게 공통된 생활 형태이다. 그러나 서구 사회에는 이와 같은 공통된 생활 형태는 존재하지 않는다. 물론 예전에 서구에도 '세켄'이 있었다. 그러나 이미 살펴보았듯이, 이 '세켄'은 12세기에 해체되었다. 개인이 탄생했기 때문이다. 그리고 이 개인이 태어남으로써 시민이 탄생해 시민사회가 형성되었는데, 18~19세기에 시민사회 속에 지식인 계층과 일반 시민이라는 두 계층이 생겼던 것이다.

협회의 탄생

예를 하나 들면, 18세기 말부터 독일의 각 도시에 각종 협회가 생겼다. 독서협회라든가 음악협회라든가 애국자협회라든가 농업기술개선협회와 같은 다양한 협회가 생겼다. 대충 살펴보면, 취미를 함께하는 모임 정도였으나, 입회할 때에는 남녀 불문, 신분 불문이었으므로 많은 시민들이 참가할 수 있었다. 하지만 얼마 뒤 협회는 두 개로 분리되었다. 예를 들면, 음악협회의 경우, 처음에는 모두 합창에 참여했는데 얼마 뒤 연주자와 청취자로 그룹이 나뉘었다. 역사협회의 경우도 처음에는 모두 토요일에 문서관(文書館)에 모여 고문서(원전)를 활자화하는 작업을 했는데, 이윽고 이곳에 모이는 사람도 정해진 직업인으로서 전문화되어갔다. 법률가나 김나지움(gymnasium)의 교사, 목사와 같은 직업군이 이 무렵부터 지식인 계층을 형성해갔던 것이다.

  김나지움에 진학하느냐 마느냐로 장래 진로가 정해지는 교육 형태가 이때 생겨나 오늘에 이르고 있다. 이렇게 형성된 지식인 계층이 제2차 세계대전 무렵에는 독일의 장래를 결정하는 지위에 올랐던 것이다. 이처럼 독일에서는 역사의식과 관련해서도 두 계층 사이에서 양상이 달리 나타났던 것으로 보인다. 예를 들면, 현대 독일의 일반 서민 가정을 살펴보자. 튼튼한 가구들이 놓여 있지만, 책은 거의 찾아볼 수 없는 가정이 많다. 책이 있다고 하면 TV 프로그램을 인쇄한 책자 정도일 것이다. 신문의 경우에도 일본에 잘 알려진 『프랑크푸르터 알게마이네』나 『디 벨트』와 같은 신문을 읽는 것은 지식인들이며, 일반인들은 지역 신문을 보는 정도이다. 예를 들면, 본에 사는 일반인이라면 『게네랄 안차이거』와 같은 신문을 읽는다. 이들 신문은 지역 관련 기사가 대부분이며 세계 정세에 관한 정보는 매우 적다. 이에 반해 지식인의 가정에는 TV조차 없는 가정이 많다.

하임펠의 역사학

앞에서 언급했듯이, 독일에서는 일본의 '세켄'과 같은 생활 모습이 존재하지 않으므로, 지식인에서 일반 서민에 이르기까지 모두가 똑같은 생활 양식으로 살아가는 모습은 찾을 수 없다. 생활의 차이는 당연히 역사의식의 차이를 가져왔을 것이다. 그럼 여기에서 우선 지식인의 경우를 살펴보자. 나와 친분 관계가 두터운 역사학자인 헤르만 하임펠의 경우를 예로 들어보고자 한다. 하임펠은 독일의 역사학자 중에서도 역사의식에 관해 자기 성찰을 중시하는 몇 안 되는 인물이기 때문이다. 나는 대학을 다닐 때 우에하라 센로쿠 교수의 지도로 하임펠의 『인간과 그 현재』(人間とその現在, 未來社, 1975년)를 읽고 그의 깊이 있는 연구에 이끌려 이 책을 10년 걸려 번역한 일이 있다. 하임펠은 이 책의 머리글에 있는 논문에서 현재를 네 가지 시각으로 관찰했다. 그 내용에 대

해서는 다른 글에서 분석했으므로 여기에서는 생략하겠다. 이 책의 머리글에서 하임펠이 서술한 글에 그의 역사의식이 잘 나타나 있으므로, 그 내용을 여기에 인용해본다.

저자와 같이 자기 나라 국민과 시대를 엄습한 운명 속에서 끝까지 살아남아 현재를 살아가고 있는 자는 그런 만큼 더욱 자기 성찰을 해야 할 의무가 있다. 이러한 일에 감히 주의를 촉구하고 이하의 논고에서 1945년 격동의 시기를 상기하여, 그 속에서 우리가 반성하면서 재출발 기회가 왔음을 깨닫고, 또한 질서가 극한 상황일 때 마음의 평온함은 너무나도 쉽게 깨져버리고 만다는 사실을 깨달은 사람에게, 모든 비판은 무엇보다 우선 자기 비판이며 모든 충고는 자기 자신에 대한 충고가 될 것이다. 이 질문을 뒤집어 살펴보면, 왜 역사학자는 이처럼 쉽게 결과에 대한 책임을 추궁당해야 하는가, 왜 제반 정신과학은 시대의 위협과 유혹에 농락당해야 하는가 하는 질문을 던지는 사람이 있다면, 그는 우선 무엇보다도 자기 자신 역시 그렇게 해왔다는 사실을 자타 모두에게 상기시켜야 한다. 누구든 이 점에 대해서 자기 자신과 결론을 내야 할 것이다. 진실을 꿰뚫기 위해서 작가는 그러한 사실을 글로 풀어내야 하는 것이다. 누구나 자기 나름대로의 방식으로 역사적 결단과 관련된다 — 글을 쓰는 사람은 언어로 그것을 표현한다. 저자도 소년 시절, 나 자신이 그리는 이미지 속에 금세기 초부터 대략 1920년 무렵까지 시민적 세계의 단편을 파악하려고 노력했고 나 자신을 발견하려고 노력했다. 저자는 이제 그 시도를 앞으로 이 글에서 말하게 될 역사적 고찰을 통해 다시 한 번 해보려고 한다. 저자가 염두에 두고 있는 것은 오래된 것도 예스러운 것도 아닌, 머무는 것 — 우리에게, 더구나 그때그때 시간 속에 머무는 것, 동시대적인 것, 연대기적인 것이라고 말할 수 있는 것들이다. 앞으로 하게 될 시도 중에 현재와 동시대성, 사물의 단순한 시간적 질서가 계속 문제로 떠오를 것이다. 역사 서술은 앞으로도 끊임없이 시간의 흐름에 대해 말하고 역사를 발전이라는 상(相)으로 밀어 넣은 채, 그때그때 동시대에 살았던 것을 오래된 것과 새로운 것, 원인과 근원이라는 계열 속에서 탐구하려고 할 것이다. 남겨진 유물을 이처럼 구별하는 것은 지나가버린 역사를 다시 재현해 해명해가기 위해서는 정당한 절차이다 — 그러나 이와 같은 절차는 이미 충분히 진행되었다고 볼 수 있지 않을까? 그리고 역사학자가 이를 게을리 할지도 모른다고 염려할 사람은 설마 없을 것이다. 왜냐하면, 역사학자의 테마는 옛날부터 역사에서 일어나는 파란에 있기 때문이다. 그런데 이 책은 역사의 평안을 구하고 있다. 이는 세속을 벗어나는 평안함이 아니라, 사물을 운명으로 감싸는 가운데 사물이 서로 동시에 처한 그 본연의 모습인 것이다.

작은 바이올린

이 머리글에 나오듯이, 하임펠은 자신의 유년 시절에 가졌던 역사의식에 대해 묘사하고, 1920년 무렵까지 시민사회의 단편을 파악하려고 했다. 그리고 그렇게 하는 과정에서 자기 자신을 발견하려 했다고 썼다. 그것이 『작은 바이올린 — 수도 뮌헨의 한 소년』(*Die halbe Violine*, Insel, 1958년)이다. 어린 시절의 하임펠은 뮌헨의 상징이라고 할 만한 피나코테크[Pinakothek : 뮌헨에 있는 미술관. 고화(古畵) 중심의 알테 피나코테크와 근대화(近代畵) 중심의 노이에 피나코테크가 마주 서 있다 ― 옮긴이] 주위를 맴돌며 놀았다. 하임펠의 부모는 '인간은 모든 성장 과정에서 한 인격체로서 존경할 만한 존재'라는 생각으로, 배려를 교육의 유일한 원칙으로 삼았다. 하임펠의 집에는 일을 도와주는 가정부가 두 명 있었는데 두 명 모두 바이에른 농가 출신으로, 하임펠은 이미 어린 시절에 가톨릭 신도인 가정부의 방에 감도는 분위기를 통해 가톨릭 신자와 프로테스탄트 신자가 풍기는 분위기의 차이를 알았다. 자신의 집에서 한발 밖으로 나서면 거기에는 '일상생활의 작은 질서'인 고풍스런 뮌헨이 있었다. 하임펠은 터키 거리에 있는 종파 혼합학교에 입학했다. 이곳에서 하임펠은 게레스 가에 사는 가난한 친구를 알게 되면서 게레스 가를 비추는 태양이 피나코테크에 있는 가로수 사이에서 쏟아지는 햇빛과 다른 것 같다는 느낌을 갖게 되었다. 하임펠은 슈바빙 가로 바이올린을 배우러 다녔다. 바이올린 선생님은 모차르트 시대를 막 빠져나온 듯한 여성이었는데, 하임펠은 10년간 바이올린을 배우면서 선생님과 우정을 다졌다. 이 무렵 그가 들은 모차르트나 베토벤의 곡들을 어른이 되어서 들었을 때 과연 어떠한 느낌으로 와 닿았을까?

"인간이란 무엇인가? 인간은 기억을 가진 존재이다. 천사는 신 자신을 보기 때문에 기억을 갖지 않는다. 인간은 기억을 갖는다. 인간은 신을 알지만 보지는 못한 채 언제나 신에 이르는 도중에 있기 때문이다. 그 길은 자기 자신에게 돌아가는 길, 진정 자기 자신일 수 있는 본원으로 즉, 신에게 돌아가는 길이다"라고 하임펠은 당시 자신의 정신 상태에 대해 썼다.

1913년 봄, 하임펠은 보덴 호수의 린다우를 방문하여 돌층계와 넓은 박공(搏栱), 반짝반짝 빛나는 창을 보며 고풍스런 린다우의 향기를 맡았다. 린다우는 하임펠의 증조부가 살던 곳으로 곡물 거래를 하던 시절의 고문서들이 남아 있었다. 이 고문서를 읽고 하임펠은 "오래된 시절의 것이지만 나와 관련된 것이며, 과거 속의 현재, 이질적인 것 속의 친숙함, 화해를 이룬 시간"을 느꼈다. 린다우에는 뮌헨에서 느낄 수 없는 형식성, 풍습, 관습이 있었고, 이른바 동일한 시간 속의 다른 시대가 남아 있었다. 이처럼 하임펠은 어린 시절에 이미 시간과 공간은 일체를 이루고, 뮌헨의 시간과 린다우의 시간은 서로 다르며, 역사는 역사서와 다르다는 점을 느끼게 되었다.

1913년 8월 1일, 동원령을 알리는 사자(使者)가 마을에 왔으며, 하임펠의 가족은 뮌헨으로 돌아갔다. 1916년부터 1917년 겨울은 고통스러운 시절의 시작이었다. 무제한 잠수함 작전이나 전사자 관련 기사가 신문을 가득 메웠으며, 신문은 이제 더 이상 '우리를 위한 신문'이 아니었다. 하임펠도 근로봉사에 동원되어 감자를 경작했다. 날마다 고통의 연속이었지만, 푸른 하늘과 감자 잎 사이로 피로감이 주는 행복, 낯선 토지에서 느끼는 행복, 지루한 시간이 주는 행복도 있었다.

이 무렵 하임펠은 이미 대학에서 중세사에 대한 주입식 교육을 받고 있었다. 역사에 대해 흥미가 있었던 것도 아니어서 이러한 교육은 지식에 대한 증오만을 끓어오르게 할 뿐이었다. 그러나 교수가 사료「Quellen」에 대해 언급했을 때, 거기서 무언가 마음을 휘어잡는 느낌이 들었으나 더 이상 진전은 없었다. 전쟁은 절망적인 상황을 초래하여, 불가리아가 함락되었고 오스트리아가 붕괴했으며 모스크바에서는 세계사의 급격한 변화를 예고하고 있었다. 붉은 완장을 찬 병사들로 구성된 협의회가 구성되었다. 하나의 세계가 침몰한 것이다.

일상생활의 작은 질서

이와 같은 격동의 시기에도 생활은 여전히 계속되고 있다는 점이 어린 하임펠의 눈길을 사로잡는 것이었다. 특히 패전을 알리는 소식이 전해졌을 때조차도 여전히 「요술피리」가 상연되었으며 이를 보기 위해 많은 관객들이 모여 있는 사실이 하임펠에게는 불가사의해 보였다. 하임펠이 『인간과 그 현재』를 저술한 것은 50대 후반이 되어서이다. 그는 이 책을 통해 자신의 역사의식이 어떻게 형성되어왔는지를 보여주었다. 학자가 자신의 유년기를 소개하는 일은 그다지 놀라울 것도 없다. 그러나 이와 같은 형태로 보여주는 일은 매우 드문 일이라고 할 수 있을 것이다. 예를 들면, 이 책에서 '일상생활의 작은 질서'라는 말을 사용하고 있다. 이 말은 하임펠이 만든 말로, 중세사에서 이미 분명한 위치를 차지하고 있는 용어이다. 중세 도시나 농촌과 관련해 이 용어가 사용되고 있다. 가령 하인리히 미타이스의 『독일 법제사 개설』을 보면 이 용어가 어떠한 의미로 사용되었는지 알 수 있다.

 시간과 공간이 일치한다고 하는 감각이나 동일한 시간 속에 다양한 시간이 존재한다는 시각 역시 그의 어린 시절 체험이 그 바탕에 깔려 있다고 볼 수 있다. 하임펠에게 중세사는 자기 자신 속에 있는 체험과 일치하는 것이었다. 이처럼 행복한 연구 생활은 누구나 누릴 수 있는 행운은 아니다. 하임펠의 성격과 성장이 그것을 가능하게 했던 것이다. 하지만 그것이 다는 아니다. 나치 시대 자신의 연구를 회고하며 한 시대에 농락당한 역사학자의 모습을 검증하고자 하는 그 진지한 자세야말로 그의 중세사를 제대로 된 연구로 자리매김하게 한다.

나는 1970년에 처음으로 하임펠을 만났을 때, 이 책의 속편을 저술할 계획은 없는지 물어보았다. 그는 "나는 벌써 했으니까 이젠 다른 사람이 해야하지 않겠는가"라고 대답했다. 하임펠은 그 교양이나 학식의 깊이에서 볼 때 전형적인 유럽의 학자이며, 그의 학문을 전부 이해한다는 것은 그리 만만한 일이 아니다. 그러나 다른 문화를 이해한다는 일은 본래부터 어려운 일이기에, 그 어려움을 극복해가야 하는 것이다. 메이지 시대 이후 일본의 역사 연구, 특히 서양사 연구는 선진 문화를 받아들인다는 점에서 자연과학을 우선적으로 권장하여, 쉽게 이해할 수 있는 대상으로서 서양의 역사도 도입하려고 했다. 그 때문에 지금도 여전히 유럽을 제대로 이해하지 못하고 있는 것이다. 이제 유럽의 학문을 유럽의 생활이라는 차원까지 파고들어가 살펴봄으로써 제대로 된 유럽을 다시 만나야 한다. 하임펠과 같은 역사학자의 탄생은 유럽 사람들이 일본처럼 '세켄'이라는 틀에 얽매이지 않는 생활을 했다는 점에서도 배경을 찾을 수 있다.

하임펠만이 아니다. 유럽의 훌륭한 역사학자의 탄생 배경에는, 당연한 애기일지 모르지만, 그들이 독립된 개인으로서 성장해왔다는 사실이 존재한다. 누구의 자서전을 펼쳐보아도 상관없는데, 예를 들면, 폴

벤느의 『역사와 일상』(*Le Quotidien et L'intéressant*)을 펼쳐보아도 좋을 것이다. 자크 르 고프의 자서전과 비교해보아도, 자유분방한 그 삶은 일본에서는 생각조차 할 수 없는 것이다. 개인이 존재하는 곳에서는 매우 개성 있는 인물이 탄생하는 것이다.

유럽 역사학자의 특질을 일본 역사학자와 비교해보았는데, 문제는 역사학자가 아니라 역사 서술이다. 유럽처럼 개성 있는 역사학자가 모여 있는 곳에서는 어떠한 역사 서술이 이루어질까? 특히 유럽처럼 학자와 일반인들의 생활 형태가 다른 경우, 역사 서술은 누구를 독자로 상정해 이루어지는 것일까? 일본에는 역사 교과서를 둘러싼 대립이 있다. 이와 같은 대립이 유럽에도 있을까? 일본의 경우는 '새로운 역사 교과서를 만드는 모임'이라는 단체가 있는데, 최근 교과서를 간행했다. 이에 반해, 지금까지 교과서를 집필해온 사람들이 있어, 이들 양자가 대립하고 있다. 새롭다고 하는 교과서와 지금까지 사용해온 교과서를 비교해보고 거기에 결정적일 만한 차이가 있는지 없는지를 살펴보면, 국가를 중심으로 국가 의식을 강조하려는 교과서와, 그렇지 않은 교과서가 있음을 알 수 있다. 그러나 교과서의 구성에는 기본적인 차이가 없다.

유럽의 역사학 투쟁

유럽에서 역사학은 무엇을 위해서 존재하는가 물으면, 역사적 신화에 대한 투쟁을 위해서라는 대답을 듣게 될 것이다. 독일의 역사학자 프란티셰크 그라우스는 「역사적 신화에 대한 역사학의 무력」(František

Graus, Die Ohnmacht der Wissenschaft gegenüber Geschichtsmythen, Vorträge und Forschungen, LV 2002)이라는 논문을 발표했다. 이 논문을 바탕으로 해 독일의 역사학 상황을 살펴보자.

그라우스의 의견에 따르면 역사적 신화란, "과거를 절대화하고 진리를 구하기 위한 증거를 방기하며 역사와 자기 자신과의 관련을 찾아내려는 시도"라는 것이다. 이러한 역사적 신화의 예로, 카이사르의 게르만인에 대한 의도적인 서술에서 시작하여, 타키투스나 휴머니스트들의 서술, 그리고 중세 황제들에서부터 현대에 이르기까지 얼마든지 들 수 있다고 한다. 이렇게 보면 역사적 신화에 대한 투쟁은 터무니없는 일처럼 보여 역사학이 역사적 신화에 항상 지기만 했다는 점을 누구라도 인정하게 될 것이라고 한다.

역사적 신화의 형성

그라우스는 이 점을 인정한 다음, 이와 같은 사태를 맞아 역사학은 어디까지 책임이 있는지에 대해서 탐구하려 했다. 역사적 신화가 형성될 즈음에는 권력자가 관련된 경우가 많았다. 중세 왕가에 전해지는 이야기에도 신에서 유래했다든가, 특별한 축복을 받았다든가 하는 예를 통해 자기 가문의 지배를 정당화하고 있다. 특히 전체주의 국가는 과거가 별 도움이 되지 않는다는 것을 잘 알고 있어, 예를 들면 루마니아의 로맨틱한 공식 역사 서술에는 원시시대에 다키아를 출현시켰다. 조지 오웰의 『1984년』에서 주인공인 윈스턴 스미스는 진리부(眞理部)에 근무하며 매일 역사를 바꾸어 기록하는 일을 했다.

전체주의 국가만이 그런 것이 아니다. 1789년 7월 14일은 프랑스에서 바스티유 공격의 날로 알려져 민중 승리의 기념일이 되었다. 이때의 공격으로 수감자 일곱 명이 석방되었는데, 그 면면을 살펴보면 위조지폐 사범 네 명과 정신이상자 세 명이었다고 한다. 바스티유 공격이라는 사건도 상징적 사건으로 신화화했던 것이다.

현대사에는 단도전설(短刀傳說 : 전쟁터에서 천하무적이던 군대가 내부의 모략으로 패배를 자초했다는 전설 — 옮긴이)이 자리하고 있다. 1914년에 독일군은 전쟁에서는 지지 않았는데 전설의 영웅 지크프리트처럼 음험한 적에게 등뒤에서 칼을 맞은 것으로 알려져, 여기에서 '11월의 배신'(1918년 11월, 독일이 제1차 세계대전에서 항복하고 휴전협정을 체결한 것을 뜻함 — 옮긴이)이 생겼다고 전해진다. 이러한 맥락에서 그라우스는 "일본의 역사 교과서 문제에서 볼 수 있듯이 지금은 과거의 사건에 관한 서술도 정치적인 기폭제가 되기도 한다"고 언급했다.

사건이 일어난 수백 년 뒤에 신화가 형성되는 일도 있다. 그 예로, 이스라엘의 마사다를 들 수 있다. 로마와 싸운 전투에서 포로가 된 73명의 유대인이 처형되는 것보다는 스스로 목숨을 끊는 길을 택했다고 하는 일화가 요세푸스 프라비우스에 의해 전해질 뿐, 유대인의 전설에서는 2000년간 마사다라는 지명이 등장하지 않는다. 그런데 1948년에 이스라엘이 건국되고 1963~65년에 고고학 조사가 이루어지면서 비로소 국민적인 성소로 탈바꿈해 신화를 형성해갔다.

스메타나의 「리부셰」

그라우스는 자신의 전문적 연구 분야와 관련해서도 예를 하나 들었다. 1620년에 프라하 근처 바이센베르크의 전투가 끝나고 승자인 페르디난트 2세는 프라하 구시가지에서 27명의 포로를 처형해 가톨릭의 승리를 이끌었다. 합스부르크에 대한 저항은 종교적인 성격을 띠는 이 지역의 정치 문제였다. 따라서 승리를 축하하기 위해 보헤미아의 가톨릭이 전쟁터에 성모마리아 교회를 건립했다. 그러나 19세기에 들어와 체코의 민족주의가 눈을 뜨면서 이 사건에 대한 인식이 크게 달라지기 시작했다. 이 전투의 패배는 민족의 파국으로 받아들여졌으며 처형된 27명을 보헤미아의 영주 계층으로 여겼다. 그러나 실제로는 27명 가운데 세 명만이 영주 계층에 속했고 대부분은 독일어를 사용했다. 한편에서 부활절을 앞둔 금요일과 수난의 날을, 다른 한편에서 운명적인 전투와 체코 민족 고난의 길을 의도적으로 동일시하여 이해했던 것이다. 이 사건의 신화화를 완성시킨 것은 스메타나의 민족적 오페라 「리부셰」(Libuše)였다. 이 오페라에서는 체코 민족이 일찍이 그리스도처럼 지옥과 같은 공포를 이겨내고 영광의 자리에 서게 된다.

   이 밖에도 예를 더 들 수 있는데, 왜 역사 교과서에서는 그 논리를 지지할 수 없음을 보여주는데도 이와 같은 해석이 생명력을 갖고 역사적 신화로 지지자를 찾아내는 것일까? 이러한 질문을 던지며 그라우스는 이어서 역사적 신화와 대항하는 역사학에 눈을 돌린다. 역사학자가 예술가나 소설가에 비해 좀 뒤떨어진 감을 보여주는 것은 어쩌면 당연한 일이다. 예술가들은 과거의 사건을 묘사할 때 사료(史料)를 마음 내키는 대로 가공해 사건의 경과를 극적으로 묘사할 수 있다. 대중매체는 영상과 언어로 이러한 경향을 더욱 강화한다. 이리하여 진실은 항상 지고 만다. 진리를 바꿀 수는 없지만, 허위는 항상 상황에 적응하면서 인간의 일상생활에 맞추어가고 있기 때문이다.

그라우스는, 역사적 신화의 승리가 어떤 필요성에 따라 과거의 종교나 철학이 무시해온 틈새에서 생겨난 것은 아닐까, 학문에서도 미처 못 보고 놓쳐 정확하게 인식하지 못했던 것은 아닐까 하는 불안감을 감추지 않는다. 역사학은 과거를 재단해야 한다는 의견도 있었다. 이러한 견해는 20세기에 완전히 사라졌다고는 할 수 없으나, 그 지지자는 많이 줄었다. 역사학자는 지금 과거를 재단하는 역할을 저널리스트에게 맡겨둔 채 그들이 검사나 입법자, 재판관의 역할을 해도 그냥 지켜보고만 있다. 역사학의 본래 기능이 문화의 연속성과 그 원인을 탐구하는 데 있다고 여기고, 동시에 그때그때의 지배적인 의견이나 서로 간의 암호를 수정하는 데 있다고 생각한다. 네오 나치 운동에 관련해서는, 젊은 이들이 나치를 너무 모른다고 말하는 목소리들이 계속해서 나오고 있는데, 마치 단순한 사실 지식만으로 세상을 바꿀 수 있다고 생각하는 것 같다. 이러한 주장을 피력하는 사람에게는 19세기 후반 학교의 교과서적 지식은 비교적 충분하게 전달되었지만 최악의 사태를 피할 수 없었다는 점을 상기시켜주어야 한다. 요컨대 단순한 지식의 효력에는 제약이 따른다는 것이다.

많은 역사학자들은 단순히 과거를 서술만 하는 것이 아니라 해석하고 설명해야 한다고 생각한다. 이는 결코 새로울 것이 없는 의견이다. 과거를 서술할 때, 시간을 들여 인과관계를 증명하는 것으로 과거의 사건을 설명할 수 있다고 믿었다. 다시 말해, 사건의 원인과 결과에 대해 그 경과를 보여주는 것이다. 이는 주로 개인의 결단으로 이루어지는 일이라고 여겨져왔다. 20세기에는 그러한 인과관계로 설명된 역사는 좋지 않은 평판을 얻었고 단순한 설명은 역사에서 모습을 감추었다. 20세기에는 다양한 역사 서술 방법이 시도되었지만, 모두 여전히 충분하지가 않은 상태였다. 특히 전체주의 해석과 관련해 역사학은 실패해왔다. 역사학자는 아우슈비츠와 같은 강제수용소에 관한 서술을 하지 못했고 그 수용소를 체험한 역사학자조차도 서술에 손을 대지 못한 채 있다고 지적한다.

현재라든가 과거라는 개념은 결코 현실에 있는 것이 아니라 관찰자의 시각에서 보면 단순한 추상적인 개념에 불과하다. 이는 사실상 상급 개념 아래서 각각의 사건 속에서 선택된 개념으로, 관찰자의 입장에서 정리된 것에 불과하다. 그러나 현재와 과거의 사건을 인식하고 증명하는 경우에는 기본적인 차이가 있다. 현재에 있는 각각의 사실을 관찰할 때에는 이미 현재는 과거로 전화(轉化)되어 있어, 그 구체적인 형태로 반복할 수가 없고 발생하지 않았다고 할 수도 없다. 그러나 현재를 탐구할 때에는 대부분의 경우 이 점은 괄호에 넣어 설명할 수 있다. 하지만 과거를 연구할 때에는 그렇게 할 수 없다.

지나가버린 사건은 이미 실시간에는 존재하지 않고 극히 한정된 경우에만 반복될 수 있다. 역사적인 사건은 일단 마무리되면 더 이상 존재하지 않지만, 그러나 생생한 흔적을 남긴다. 하나는 역사 사료라는 형태로, 또 하나는 영향이라는 형태로. 역사학자의 일은 다른 사회과학자가 하는 일과 근본적으로 다르다. 사회과학자의 연구는 그 연구 대상이 실시간으로 존재하고 있기 때문에 역사를 역사사회학으로 대치할 수 없는 것이다. 통시태〔通時態, diachronie : 언어학뿐만 아니라 일반적으로 과학이 대상으로 하는 현상(現象)이 시간의 흐름에 따라 발전한다고 보는 시각 — 옮긴이〕에서 영향은 결정적인 구실을 한다. 이는 과거를 형성하는 데 강제적으로 관련되어 있다. 역사는 오늘날 종종 언급되듯이, 그때그때의 과거 이미지가 아니다. 역사는 과거와 직접 연결되어 있다. 과거는 모두 두 가지 국면으로 나타난다. 지나가버린 것으로서 변함없는 형태와, 현재적인 그때그때 반드시 변하는 형태, 이 두 가지로 나타난다.

역사학자는 예술가와 달리 사료에 바탕을 두고 있다. 사료 해석에 따라 어떤 사실을 증명할 수 있든가 잘못에 빠지든가 하기 때문이다. 이미 살펴보았듯이, 과거는 한편으로 사료를 통해 알아낼 수 있다. 다른 한편으로 과거는 영향을 남긴다. 그러나 제2의 흐름, 다시 말해 과거의 상(像)이 만들어낸 제2의 흐름은 무시되고 있다. 여전히 살아 있는 과거는 역사학에서 필연적으로 커다란 역할을 담당해왔다. 이 점은 전혀 주목을 받지 못해왔다.

사료에 바탕을 두어야만 객관적으로 변함이 없는 과거의 상을 재구성할 수 있다고 보는 사고방식이 자리잡은 결과, 사료에 바탕을 둔 연구를 진행해갈수록 더 올바른 과거 상에 접근할 수 있다는 신앙을 낳았다. 이러한 사고방식은 무의식중에, 과거가 생산한 제2의 상, 영향을 괄호 안에 넣고는 모든 사물 위에 존립한다고 하는 역사학의 환상을 길러 왔다. 다시 말해, 힘들이지 않고 사건의 경과를 관찰해 역사의 재구성을 위해 노력한다는 환상이다.

이에 대한 그라우스의 의견은, 자신의 입장 또는 시대정신이 역사 상(像)에 영향을 주는 것이며 다른 가능성은 존재하지 않을 뿐만 아니라 과거의 독자성은 생각할 수 없다는 것이다. 이미 실시간으로 존재하지 않는 것에 대한 재구성에 불과하기 때문이다. 주지의 사실이지만, 어떠한 사회과학자라 하더라도 연구와 해석을 할 때에 자기 자신을 모든 것으로부터 완전히 자유롭게 할 만큼 객관적일 수는 없다. 역사학자에게는 더더욱 이와 같은 주관적 또는 객관적인 구속이 그 자신의 과거라는 연구 대상을 다루는 데 절대적인 요소로 작용하고 있다. 종종 칭송받는 과거에 대한 감정이입은 현실적으로 자기 자신이 가지고 있는 편견을 확인하는 일에 지나지 않는다. 인간은 그것을 역사 속에서 찾아다니고 때로는 발견하기도 한다. 괴테의 「파우스트」를 인용해보면, "너희들이 시대정신이라고 부르는 것은 결국 저자 자신의 정신에, 시대가 그림자를 드리우고 있는 것에 지나지 않는다". 지금부터라도 전승(傳承)이라는 흐름 속에서 관찰자의 입장을 분명하게 할 방법을 반드시 찾아야 한다.

사실 탐구와 의미 탐구

역사학과 역사 신화의 투쟁 문제로 돌아가자. 먼저 과거가 사료든, 기억이든, 무거운 부담이든, 늘 우리의 현재를 형성하고 있다는 평범한 사실에서 출발해보자. 우리는 일상생활이나 정치적 사건 속에서 인간은 과거로부터 도망칠 수 없다는 점을 확신하며 살고 있다. 그러나 과거의 해석을 보면, 학문적인 역사 서술과 역사 신화 사이에 분업이 이루어지고 있다는 점을 알 수 있다. 역사학은 사료를 분석하고 비판적으로 검증해 각각의 에피소드를 신중하게 재구축해왔다. 역사적 비판 방법 중에서 유익한 방법을 찾아 좁은 학문 영역을 넘어 효과적으로 활용하고 있다. 역사 신화와 벌이는 투쟁은 그 독자적인 전쟁터에서 역사 신화를 형성하고 있는 요소가 잘못되었다는 점을 증명함으로써 이루어진다. 역사적 신화도 그 활동 분야를 한정해 학교에서 배우는 지식을 엉터리라고 하며 역사학자에게 사실 탐구를 맡기고, 역사 신화는 역사학자가 등한히 해온 역사의 추체험에 집중해 증명도 비판도 없이 감정에 호소하고 과거에 어떤 종류의 의미를 부여하며, 역사 속에서 언젠가는 진실이 승리하기를 바라는 사람들의 관심에 답하고 있다. 사람들이 가끔 역사적 신화의 포로가 되는 것은 어리석음 때문이 아니라 역사의 의미를 확인하려고 하는 마음의 요청이 있기 때문이다. 개인이든 사회든, 의미를 찾고 의미를 부여하지 않고서는 존재할 수가 없는 것이다. 인간은 누구나 무심결에 과거를 자신과 직접 관련 있는 형태로 보든가 ― 그럴 경우에는 감정이 고조된다 ― 또는 자기 자신 속에 또는 이질적인 과거 속에서 해석을 기다리며 숨어 있던 깊은 의미를 찾고 있는 것이다. 이러한 의미 부여는 매우 원시적이거나 복잡한 형태로 행해지는데, 그런 의미 부여가 되지 않으면 개인도 사회도 급속하게 해체되어버리고 만다. 젊은 사람들의 항의나 급진화의 원인은 대부분 개인과 사회가 급속하게 의미를 상실해버림으로써 나타난다.

지금까지 서술해온 내용의 결론은 역사학뿐만 아니라 다른 사회과학 역시 사실만을 올바르게 자리매김했다 해도 그것만으로는 충분하지 않다는 것이다. 이 작업은 반복해서 진행해야 하는 일이지만, 거기서 멈추어서는 안 되는 일이다. 역사학자는 개인이나 사회에 의미를 부여하는 공헌을 작으나마 지속해야 한다. 역사적 신화가 과거에서 의미를 찾으려고 한다면, 역사학은 사건의 역사적 요소를 명확하게 함으로써 의미를 부여해야 한다는 것이다.

교과서 문제

그라우스의 논문을 대략적으로 살펴보았는데, 서구의 역사학이 일본의 역사학과 어떻게 다른지 알 수 있었다. 서구의 역사학은 역사적 신화에 대해 역사 사실을 확인하는 일을 사명으로 여겨왔다. 이에 반해 일본의 역사 교과서 문제는 역사 사실에 관한 평가를 문제로 삼고 있다. 물론 서구에서도 역사 사실과 관련해 의견 대립이 있다. 이러한 의견 대립에 정치적인 배경이 얽혀 있는 경우도 있을 것이다. 그러나 서구의 경우에는 이러한 의견 대립이 학설의 대립으로 학문 내부의 문제로 여겨지는 데 반해, 일본의 경우에는 역사 사실에 대한 평가의 대립이 학문 내부의 문제가 아니라 직접적인 정치적 대립으로 이어지고 있다. 이러한 차이는 왜 생기는 것일까?

나는 이 문제의 배후에 지식인 계층의 문제가 도사리고 있다고 본다.

일본의 학회는 서구의 경우와 근본적으로 다르다. 학회를 구성하는 것은 개인인데, 서구의 경우 그 개인은 학문의 길로 들어설 때 엄격한 심사를 거쳐 교수 자격을 얻는다. 심사의 내용은 서구 사회 전체에서 공유하고 있어, 한 나라에서 얻은 자격은 다른 나라에서도 인정받고 있다. 이 점은 대학에서 학생의 졸업 인정과 관련해서도 마찬가지인데, 졸업 인정 과정에 다른 대학의 교수가 참여하는 경우까지 있다. 그런데 일본에서는 이러한 일은 생각조차 할 수 없다. 각 대학마다 졸업 인정 기준이 다르며, 학부 안에서조차 교수에 따라 기준이 다르다. 이러한 일본에서 학회는 존재하기는 하지만 교수들의 친목 모임 영역을 크게 벗어나지 못한다.

학회가 학문의 기준을 지키는 역할을 다 하지 못한 채, 교수 각자가 자기 마음 내키는 대로 연구와 교육에 종사하고 있는 데 불과하다. 따라서 이와 같은 교수들 중에서 역사 사실에 대해 강경한 정치적 평가를 내리는 사람이 나오더라도 그다지 이상할 것이 없는 환경이다. 일본의 역사 교과서 문제와 관련해 감히 말하자면, 여기에는 정치적인 대립 외에 근본적인 대립이라고 할 만한 내용이 없는 게 아닐까? 유럽의 기준에서 살펴보면, 양쪽 모두 자신들이 역사적 신화에 속한다고 말하지 않을 것이다. 양쪽 모두 학문적으로 역사를 서술한다고 주장할 것이다. 거기에 존재하는 것은 정치적 가치판단의 차이이며 이해관계의 차이에 지나지 않는다.

나는 그라우스의 논문을 읽고 일본의 역사적 신화에 대해 생각해보고자 했다. 서구에는 "클레오파트라의 코가 좀더 낮았다면 세계의 역사가 바뀌었을지도 모른다"는 이야기가 있다. 이러한 역사적 신화가 일본에서도 누구나 알고 있는 형태라고 할 수 있을까? 물론 전혀 아니라고 할 수는 없을 것이다. 그러나 누구나 알고 있는 그러한 형태로는 존재하지 않는 것 같다. 이러한 종류의 역사적 신화 대부분은 역사 속의 우연에 대해 무엇인가 말하려는 것이고, 먼 과거의 한 사건이 현재에 미치는 영향을 설명하려고 하는 것이다. 감히 이러한 종류의 이야기를 만들려고 마음만 먹으면 얼마든지 만들 수 있는데, 예를 들면, "오다 노부나가(織田信長)가 혼노지(本能寺)에서 암살되지 않았다면"과 같은 예는 얼마든지 들 수 있다.

 그러나 일본사에서는 누구나 알고 있는 형태로 그러한 비유담조차 찾아볼 수가 없다. 여기서 그치지 않는다. 예를 들면, 내 좁은 소견으로 볼 때 일본사학회에서는, 고다이고 천황(後醍醐天皇) 사후 600년을 기념하는 논문집과 같은 서적은 간행하지 않을 듯하다. 고다이고 천황뿐만 아니라 그 밖의 많은 역사적 인물에 대해서 학술적인 또는 그 어떠한 종류의 기획조차 찾아볼 수가 없다. 서구에서는 카를 4세 사후 600년을 기념해 방대한 논문집이 간행되었다. 이 논문집에는 중세사학회를 대표하는 저명한 학자들이 기고했다. 이와 같은 종류의 논문집은 다양한 형태로 여럿 출판되어, 중세사학회뿐만 아니라 역사학회가 성황을 이루고 있다는 증거가 된다. 이러한 종류의 출판물의 수가 많다고 하는 것은 과거의 역사적 인물이 현재에도 여전히 의미를 가진 존재라는 사실을 보여주며, 서구 역사학회의 특징으로 나타난다.

구미인들에게 역사란 무엇인가

그라우스의 논문을 통해 구미 역사학회의 존재 방식을 살펴보았다. 이어서 구미인들에게 역사란 무엇인지를 E. H. 카(Carr)의 유명한 저술 『역사란 무엇인가』를 통해 살펴보고자 한다. 카는 역사에 대해 다음과 같이 말했다.

> 역사란 인간이 시간의 흐름을 자연적 과정 — 계절의 순환이나 인간의 일생과 같은 것 — 으로 보지 않고, 시간 속에 인간이 의식적으로 관여하고 또한 인간이 의식적으로 영향을 줄 수 있는 특수한 사건의 연속이라고 생각할 때 비로소 시작됩니다. 부르크하르트의 말을 빌리면, 역사란 "의식의 눈을 뜨면서 생긴 자연과의 단절"입니다.

카의 이 책은 일본에서도 많은 독자를 확보한 유명한 책인데, 지금까지 논의를 함께해온 독자라면 이 글에 위화감을 느낄지도 모르겠다.

카의 『역사란 무엇인가』

우리가 지금까지 논해온 것 중 하나는, 일본인은 자연과 깊은 교류를 맺으며 생활해왔으며 극히 최근에 와서야 대도시에서 자연과의 단절이 부분적이나마 나타나기 시작했다는 점이다. 카는 이어서 다음과 같이 말한다.

현대는 그 어느 시대보다도 역사의식이 발달한 시대입니다. 현대인은 전례 없이 자기 자신을 강하게 의식하고 역사를 의식하고 있습니다. 현대인은 자신이 빠져나온 어둠이 서린 곳을 열심히 되돌아보고 있는데, 이는 그곳에서 비치는 작은 빛이 이제 자신이 들어서려는 어둠까지도 비추어줄 것이라는 희망이 있기에 가능한 것입니다.

만약 카가 말한 내용이 일본인에게도 적용되는 것이라면, 내 저술은 불필요한 책이 될 것이다.

개인주의 숭배는 현대의 역사적 신화 중에서도 가장 널리 보급된 것 중 하나입니다. (중략) 내가 분명히 해두고 싶은 것은 현대 세계의 발전에 따른 개인화의 증대는 문명 진화의 일반적인 과정이었다는 점입니다. 사회혁명이란 새로운 사회 집단을 권력의 자리에 올려놓는 일입니다. 그것은 언제나 개인을 통해 또한 개인의 발전에 새로운 기회를 제공함으로써 이루어져왔습니다.

카는 이처럼 현대라는 시대를 특징지으며 역사에 대해서도 이와 같은 관점에서 다음과 같이 말했다.

상식적인 견해에서 보면, 역사란 개인이 개인에 관해 기록해놓은 것입니다. (중략) 역사가는 한 사람의 개인입니다. 그와 동시에 다른 많은 개인과 마찬가지로 역사가도 역시 하나의 사회적 현상이며, 역사가 자신이 속한 사회의 산

물인 동시에 의식적이든 무의식적이든 그 사회의 대변인입니다. 이와 같은 자격을 가진 역사가는 역사적 과거의 사실에 접근해가는 것입니다.

역사의 인과관계에 대해서 카는 교통사고를 예로 들어 설명한다. 어떤 남자가 술을 보통 때보다 많이 마시고 브레이크가 고장난 차를 몰고 귀가하던 도중에, 앞이 잘 보이지 않는 길모퉁이에서 담배를 사려고 서 있는 남자를 치어 죽이고 말았다. 이 사건을 조사하는 과정에서 여러 가지 사실이 밝혀졌다. 죽은 남자의 사망 이유를 살펴보면, 담배를 피우고 있던 것도 이유가 된다. 담배 가게가 길모퉁이에 있던 것도 그 이유가 된다. 그러나 역사 연구자로서는 운전을 하던 그 남자가 술에 취해 있었다는 점이나 브레이크가 고장나 있었다는 점을 원인으로 들 수 있다. 카는 말한다. "우리가 어떤 설명을 합리적이라고 인정하고 다른 설명을 합리적이지 않다고 인정했을 때, 우리는 이를 어떤 목적에 도움이 되는 설명과 그렇지 못한 설명으로 구분한 것이라고 봅니다". 역사의 목적 관념은 필연적으로 가치 판단을 내포하고 있기 때문이다.

역사의 방향 감각

여기서 중요한 문제에 부딪힌다. 카의 말이다.

역사가도 해석하는 작업을 할 때 중요한 것과 우연적인 것을 구분하기 위해서는 자신이 생각하는 중요성의 규준(規準) — 이는 또한 자신이 생각하는 객관성의 규준이기도 합니다 — 이 필요하며, 또한 역사가 자신이 세운 목적과 관련이 있어야만 이를 찾아낼 수 있는 것입니다. (중략) 역사의 절대자란, 우리가 떠나온 과거에 있는 어떤 것도 아니며, 또한 현재에 있는 어떤 것도 아닙니다. 왜냐하면, 현재의 모든 사고는 모두 필연적으로 상대적인 것이므로. 역사의 절대자란 아직 미완성인, 생성 중에 있는 어떤 것 — 그것을 향해 우리가 나아가는 미래에 존재하는 어떤 것으로, 우리가 그것을 향해 나아감으로써 마침내 형태를 이룰 수 있는 것, 또한 우리가 전진함으로써 그 빛을 받아 과거에 대한 우리의 해석에 점차 형태를 부여하는 것입니다. 이는, 역사의 의미가 최후의 심판 날에 계시를 받게 된다는 종교적 신화의 배후에 잠재한 현세적인 진리입니다. 우리가 생각하는 규준은 어제도 오늘도 그리고 언제나 변함없는 어떤 것이라는 정적(靜的)인 의미의 절대자가 아닙니다. 그러한 절대자는 역사의 본질과 서로 양립하지 못합니다. 그러나 과거에 대한 우리의 해석과 관련지어 말하면, 우리가 생각하는 규준은 하나의 절대자입니다. 그것은 어떤 해석이라도 상관없다거나 어떤 해석도 그것이 태어난 때와 장소에서 보면 옳다고 하는 상대주의적 견해를 거부합니다. 그리고 과거에 대한 우리의 해석을 궁극적으로 판가름하는 표준을 부여합니다. 이러한 역사의 방향 감각이 있기에 우리는 과거의 여러 사건을 정리할 수 있고 이를 해석 — 이것이 역사가의 일입니다 — 할 수가 있는 것이며, 또한 미래를 내다보면서 현재의 인간 에너지를 해방시키고 이를 조직 (중략) 할 수가 있는 것입니다.

역사의 방향 감각으로 절대자를 상정한 카의 사고방식은 전형적인 구미인의 감각이다. 목적 없는 인식은 있을 수 없다는 의미에서 역사의 목적 의식 문제는 어디에서나 효력을 갖지만, 이를 절대자라는 형태로 인식하는 것은 바로 구미인의 방식이다. 지금까지 내가 이 책에서 고찰해온 내용을 상기해보면, 카의 관점은 바로 구미인의 관점이며, 일본인의 관점을 대변한다고 할 수 없을 것이다. 자연과 단절함으로써 역사를 고찰할 수 있다는 것 자체가 구미인의 관점이며, 자연과 융합하며 살아온 일본인에게는 이질적인 사고라고 할 수 있다. 메이지 시대 이후 일본에서는 카와 같은 구미인의 사고방식과 역사학을 배워 실천해왔다. 그 때문에 일본의 현실과 구미의 현실을 구별할 수 없어, 카의 의견을 그대로 수용한 채 오늘에 이르고 있는 것이다.

지금 카의 『역사란 무엇인가』를 읽으면, 역사의식의 차이에 놀라움을 느낄 정도이다. 그런데도 메이지 시대 이후 구미의 많은 역사서가 번역되었고 또한 많은 사람들이 그것을 읽었다. 사람들은 지식을 얻으려 그 책들을 읽었지만, 일본인의 역사의식 함양에 얼마나 도움을 주었을까? 잘 알다시피, 최근 100년간 구미와 관련된 많은 정보가 일본에 소개되면서 구미에 대해 많은 것을 알게 되었다. 그러나 그 때문에 일본의 사정은 오히려 더욱 가려지고 만 것은 아닐까? 구미를 따라잡기 위해 일본인은 최근 100년간 무리를 거듭해왔다. 이제 자신의 생활환경을 바로 보고, 일본인에게 역사란 무엇인지 다시 한 번 질문해봐야 할 때를 맞이하고 있는 것은 아닐까? 지금 서 있는 곳을 확인하고 스스로 역사란 무엇인지 다시 질문을 던져보아야 한다.

제9장

일본인에게 역사란 무엇인가

메이지 시대 이후 우리 일본인들은 서구 근대를 모델로 한 교육을 받았고 구미 사회를 이상 사회로 하여 근대화를 추진해왔다. 서구 사회는 분명 우리에게 매력적인 사회이며 회화에서 음악, 철학, 문학에 이르기까지 우리는 풍부한 서구 문화에 매료되었다. 이렇게 100년이라는 시간이 흐르고 보니, 구미 사회 자체가 변화를 겪기도 하고 우리 자신도 변화를 겪으면서 근대화 그 자체를 더 이상 목적으로 여기지 않게 되었다. 근대화 속에서 본연의 모습을 잃었던 일본 고유문화의 변화도 이러한 경향을 뒷받침하고 있다. 본래 메이지 시대 이후 근대화가 진행되는 가운데에도 '세켄'으로 대표되는 전통적인 문화는 여전히 살아 있어 생활의 핵을 이루었으며, 근대화라는 외피를 두른 채 실질적으로 우리 생활을 지배해왔다.

그러나 100년이라는 시간을 보내며 모든 사상(事象)을 서구의 개념으로 설명하고 부연함으로써 우리 생활에서 실질적인 부분에 자리한 신체감각이나 감정의 표현 방법을 잃었고, 근대화 문명이라는 용어 앞에서 옴짝달싹 못하고 있다. 학문 역시 우리의 실질적인 생활을 표현하는 수단으로 자리잡지 못하여 생활과 동떨어진 논의만을 반복하고 있다. 이 책은 이러한 상황 속에서 역사가 우리에게 어떠한 것으로 의식되고 있는지를 알아보려는 노력의 성과물이다. 지금까지 살펴보았듯이, 역사는 일본인이 생활하는 주요 무대인 '세켄'이라는 일상생활 속에 깊이 뿌리내리지 못하고 있었다. 역사는 재해와 마찬가지로 갑자기 외부 세계에서 일상생활을 덮쳐오는 것으로 여겨져왔다. 그리고 역사 속 개인으로서 갑작스럽게 전개되는 역사에 자신의 흔적을 남기려는 의욕이 강하여, 적지 않은 흔적을 남겼다.

요시다 쇼인(吉田松陰)과 덴추구미(天誅組)

예를 들면, 에도 막부 말기에 활동한 요시다 쇼인(吉田松陰, 1830~59)을 들 수 있다. 쇼인은 옥중에서 쓴 『유수록』(幽囚錄)에서, 자신을 고대 백제의 궁중에서 활약한 관인으로 임나(任那)가 멸망한 뒤 한반도 정책을 협의하기 위해 송환된 니치라(日羅)에 견주어 표현했다. 니치라는 임나 부흥을 위해 백제왕에게 속임수를 써서 공격할 계책을 세웠으나 동행한 백제 사자(使者)에게 살해된 인물이다〔'임나일본부설'(任那日本府說)은 일본학계에서도 이미 부정적으로 보고 있는 학설 — 옮긴이〕. 쇼인은 막부 말기의 정세 속에서 자신의 행동이 이미 '사'(史)와 이어져 있다는 생각에 사로잡혀 있었다. 다니가와 게이이치(谷川惠一)가 설명하고 있듯이, 이와 같은 예는 '기록방'(記錄方)이라는 담당자까지 둔 덴추구미(天誅組)에서도 찾아볼 수 있다(谷川惠一, 「歷史の彼方」, 『明治開化期と文學』, 國文學硏究資料館 편, 1988년). 이들 모두 역사를 의식하고는 있지만, 그

것은 자신이 참여하고 있다는 정도의 의미에 머물며 '역사에 이름을 남긴다'는 말처럼 '세켄' 안팎으로 도도히 흐르는 역사의 흐름에 자신도 관여하고 싶다는 마음을 나타내는 정도에 그친다. 자신이 날마다 하는 행동이 역사를 만든다는 자각을 바탕으로 한 행동은 아니었던 것이다. 그러나 이들에게도 자신들의 행동을 올바르게 판단해줄 역사가 분명 존재할 것이라는 믿음은 있었다.

    요시다 쇼인이나 덴추구미는 당시 권력에 도전하기 위한 행동을 전제로 한 것이어서, 처음부터 자신들의 행동이 앞으로 어떠한 평가를 받게 될지 당연히 관심이 있었다. 그러나 이들처럼 권력에 도전하려는 사람이 아닌, 일상생활을 해나가는 사람들에게 역사는 어떻게 비쳐졌을까? 이른바 '세켄' 속에서 살아가는 사람들은 역사를 어떻게 보고 있었을까? 이 점에 대해서는 우리 일본인의 일상생활을 들여다보면 알 수 있을 것이다.

관객으로서 바라보는 역사

평소 '세켄' 속 일상생활에서는 역사의 그림자를 거의 느낄 수가 없다. 우리는 역사와 아무런 관련도 없는 듯 일상적인 생활을 하는 것이다. 그렇다고 우리가 역사에 관심이 없는가 하면 꼭 그렇지만도 않다. 각지의 역사적 명승지를 방문하는 사람들의 발길이 끊이지 않으며, 역사 전시회가 열리는 박물관을 방문하는 사람도 엄청난 수를 자랑한다. 그리고 역사를 좋아하는 사람도 엄청나게 늘었다. 이들의 역사에 대한 관심은 과연 무엇일까? 이들에게 역사란 바로 자기 옆을 흐르는 커다란 시간의 흐름이어서, 그 흐름을 바라보는 것은 곧 드라마 한 편을 보는 것과 같은 것이다. 사람들은 역사를 드라마처럼 즐기고 있는 것이다. 이 드라마에 자기가 조금이라도 알고 있는 사람이 관여하고 있다면 역사에 대한 관심은 더 증폭된다.

그러나 역사를 좋아하는 이들도 역사를 자기 자신이 직접 등장하는 드라마로는 여기지 않는다. 어제에서 오늘로 시간이 흐르는 가운데 존재하는 자신의 일생 그 자체가 역사라는 것은 모두 알고 있다. 그러나 그것은 머리로만 이해하고, 감각적으로는 전혀 이해하지 못하는 것이다. 역사라고 하면 우선 자신과 상관없이 바깥쪽에서 흐르는 시간의 흐름이며, 자신의 일상을 역사로 보면 역사인 것이 틀림없으나 그럴 경우 자기 자신은 더 이상 관객이 될 수 없으므로 역사를 바라보며 즐길 수 없게 된다. 일본에서 많은 사람들이 좋아하는 역사는 관객으로서 그저 바라보기만 하는 역사이며, 자기 자신이 관여하는 시간의 흐름을 자신의 운명으로 받아들이며 감수해야 하는 것이다.

'세켄'에서 일어난 현상에 대한 관심

그러한 자기 자신의 생활은 '세켄' 속에서 꾸려가며, '세켄'의 다양한 굴레 속에 얽혀 있다. '세켄'과 더불어 사는 삶은 앞에서 살펴보았듯이 사람과 사람의 관계가 전부이고, 그러한 관계에 사물이나 동물 그 밖의 것들이 관련을 맺고 있다. '세켄' 속에서 인간은 과거와 미래를 산다. 다시 말해, 자신의 죽음과 주변 사람의 죽음을 늘 의식하면서 살고 있다. 그러나 자기 자신이 속한 '세켄' 외에는 전혀 관심이 없다. 우리가 사는 사회에는 다양한 정보가 흐른다. 납치 문제나 이라크 전쟁 문제와 같은 정보이다. 납치 문제는 우리 '세켄'에서 발생한 현상(現象)으로 사람들의 관심을 끌고 있다. 저널리즘은 그러한 사정을 간파하고 '세켄' 사람들에게 호소하는 형식으로 정보를 흘리고 있다. 다른 한편으로 이라크 문제는 우리 '세켄'과 직접적인 관계가 없다. 좀더 논리적으로 생각해보면 이라크 문제도 우리 '세켄'과 깊은 관련이 있음을 깨닫게 되지만, 대부분의 사람들은 그러한 관련성을 분명하게 느끼지 못한다.

다시 말해, '세켄' 사람들은 '세켄' 밖 현상에 그다지 관심이 없다. 이는 지구가 몇만 년 만에 화성에 접근한다는 소식처럼 '세켄' 밖 현상이며, 어느 정도 관심은 끌겠지만 그게 다인 것이다. 정치가들도 일본의 장래를 걱정한다는 둥 말은 하지만, 일본의 장래를 자기 자신이 오늘 해야 할 일로 생각하지는 않는다. 그들이 생각하는 것은 그들의 '세켄' 속에서 오늘을 어떻게 살까 하는 생각뿐으로, 이러한 점은 일반 사람들과 전혀 다르지 않다. 더욱이 그들이 세계에 대해, 또는 UN과 같은 국제기구 문제에 대해 생각할 때에도 그 사고의 원점은 '세켄'에 있다는 점이다. 그들은 '세켄' 속에서 얻은 경험을 바탕으로 세계에 대해 생각하고 행동하는 것이다.

'세켄' 체험을 통해 생각한다

이는 역사를 좋아하는 사람들의 경우에도 다르지 않다. 그들은 역사의 다양한 현상 속에서 자신들의 '세켄' 체험에서 오는 관심을 충족시키고 있는 것이다. 그러므로 역사를 좋아한다는 사람들은 대부분 일본 역사에 관심이 있는 것이고, 외국 역사에 관심을 가진 사람은 비교적 그 수가 적은 편이다. 한 예로, 후지사와 슈헤이(藤澤周平)의 작품을 살펴보자. 그의 작품에는 그의 고향 쓰루오카(鶴岡)를 모델로 한 단편이 많은데, 대부분 에도 시대 의상을 입은 인물들이 등장하는 현대극이다. 에도 시대 사람들의 사고나 행동을 깊이 분석해 묘사한 것은 아니다. 그래서 누구나 쉽게 이해할 수 있어 대중소설인 것이다. 이렇게 말하면 내가 부당하게 일본인의 사고가 가진 한계를 설정하려는 것처럼 들릴지도 모르겠다. 하지만 사실이다. 물론 나는 일본인 모두가 그러한 '세켄' 체험을 통해서만 사고를 한다고 말하려는 것은 아니다. 예외도 있을 것이다. 그러나 일본인 대부분은 '세켄' 체험 외에 자기 나름대로 독자적인 체험을 경험으로 축적할 기회를 갖지 못하고 있다. 물론 젊은 시절에 외국 작가의 작품을 읽고 그 세계에 매료되어 그것을 통해 자아를 형성하는 사람도 있을 것이다. 문제는 거기에서 시작된다. 외국 작가의 작품에 끌려 그것을 통해 자아를 형성하는 것은 자연스러운 일이나, 그런 자연스러운 일이 일본에서는 '세켄'이 있기에 어려움을 겪게 된다.

젊었을 때는 베토벤이나 바흐 음악을 자주 들으며 오케스트라 연주에 몰두했으나, 40대에 접어들면서 가요나 엔카(演歌)를 더 자주 듣게 되었다는 사람도 있다. 40대에 접어들어서도 서양음악을 좋아하거나 젊은 시절 꿈을 이야기하는 사람을 일본에서는 무의식중에 "아직 젊군" 하며 가볍게 여기는 경향이 있다. 아직 제몫을 못하는 사람이라고 보는 경향이 있는 것이다. 젊었을 때에는 '세켄' 따위에 신경을 쓰지 않아 자신이 좋아하던 음악을 들었지만, 나이가 들면서 '세켄'에 자신을 맞추게 되었다고도 할 수 있다. 엔카는 본래 자유민권운동 속에서 시작되어 연설(演說)과 어깨를 나란히 하는 연가(演歌)였으나, 점차 '세켄' 속에서 느끼는 괴로움이나 슬픔을 말하는 노래로 변했다. 실제로 젊었을 때에는 어떠했을지 모르지만, 마흔을 넘어선 나이에 술자리에서 독일어로 가곡을 부른다면 그 자리의 흥은 완전히 깨지고 말 것이다. 이러한 경험을 통해서 사람은 또 '세켄'을 배우게 된다.

어려서부터 외국에서 살던 사람을 제외하고, 일반적인 일본인은 어려서부터 부모를 통해 '세켄'을 체험한다. 이것이 많은 사람들의 질곡이 되는 것이다. 이렇게 말하면 반발할지도 모르겠다. 이 점에 대해 좀 더 설명을 덧붙이면, 일본에는 서구와 같은 개인을 키우지 않는다는 점을 다시 한 번 강조해야 할 것 같다. 앞에서 하임펠의 어린 시절 경험에 대해 언급했는데 그의 체험은 구미인 중에서도 특이한 경우이다. 그런 경험을 구미 사회에서 사람들에게 인정받을 수 있도록 설득력 있는 경험으로 만들어낸 것은 그의 저력이다. 서구 사회는 개인이 가진 힘을 발휘할 수 있는 사회이기 때문이다.

일본에서는 특이한 개성이 있는 아이를 부모나 교사들이 '세켄'과 잘 어울리도록 지도해 '세켄'에 맞는 아이로 만들어낸다. 일본에 개성 있는 아이가 적은 것은 그 탓이다. 어렸을 때 구미 사회에서 자란 아이는 이 점이 다르다. 그러나 어쩌다 개성 있는 아이로 키워냈다고 하더라도 어른이 되는 과정에서 '세켄'이 그 성격을 교정해버린다. '세켄' 속에서 살아가는 사람들은 '세켄' 사람들과 만나는 데 모든 정력을 낭비하며, '세켄' 속 사람들과 관계를 매끄럽게 유지하는 사람은 성공한다.

역사가와 '세켄'

그러면 역사가들은 이러한 '세켄'과 어떻게 지내고 있을까? 작고한 한 역사가 이야기를 하겠다. 그가 책을 출판했을 때, 후기에서 자신이 지금까지 해온 연구 방식에 대해 이야기하면서, '혼자서 열고 들어가라'는 말을 인용했다. 그의 저술은 당시 누구도 흉내낼 수 없는 훌륭한 시각으로 일관된 저술이었다. 그는 온전히 혼자의 힘으로 자신의 시각을 관철시켰다. 그 책에 대한 비평 중에 "'혼자서 열고 들어가라'는 말은 독선적이다. 민주적인 학자라면 '모두 함께 같이 열고 들어가자'고 말해야 한다"고 지적한 비평가도 있었다. 이 서평에 대해 그 역사가는 이를 인정하는 답장을 그 비평가에게 보낸 것으로 기억한다.

나는 이 이야기를 읽고 놀랐으며 좀 어처구니가 없었다. 민주적이라고 하는 학자들의 '세켄'을 처음 확인했기 때문이다. 앞에서도 언급했지만, 일본의 학문이 안고 있는 가장 큰 문제점이 바로 여기에 있다. 이는 개체[지은이는 개(個)로 표현함 — 옮긴이]의 문제이다. 역사가뿐만 아니라, 모든 학자는 혼자서 학문을 연구하는 것이 아니다. 오랜 역사로 이어진 과거의 연구자들 말단에 그의 자리도 있는 것이다. 많은 학자들이 해야 하는 일이 있듯이 그의 일이 있다. 이는 당연한 것이다. 그러나 그의 일은 결국 혼자 해내야 하는 일이다. 동료가 한 사람이라도 있다면 얼마나 든든할까? 동료가 아니더라도 그가 하는 일을 이해해주는 사람이 한 사람이라도 있다면 얼마나 마음 든든할까? 그러나 작업은 혼자 할 수밖에 없다.

이것은 한 예에 불과하다. 이 경우에도 그렇지만, 서평을 쓰는 사람들은 자신들이 이른바 '세켄'을 구성하는 요소라는 자각조차 하지 못한다. 자신들을 민주적인 학자 집단으로 여기는 것이다. 그러나 이는 '세켄' 그 자체인 것이다. 문제는 이러한 학자들이 '세켄'을 인지하고 있는가 그렇지 못한가 하는 점으로 압축된다. 이 점과 관련해 국문학(일문학—옮긴이) 연구자와 일본사 연구자는 조금 다른 위치에 있다. 왜냐하면, 고대·중세 이후 국문학 작품에는 '세켄'이라는 말이 수없이 나오기 때문이며, '세켄'과 관련짓지 않고 문학 작품을 연구할 수 없을 것이기 때문이다. 그러나 좁은 식견에서 볼 때 이상할 정도로 '세켄'을 논한 논문이나 저서를 찾아볼 수가 없다. 역사도 마찬가지이다. 고대사·중세사뿐만 아니라 근세사·현대사에서도 '세켄'이라는 말이 나오지만, 이상하게도 '세켄'을 다룬 논문이나 저서를 거의 찾아 볼 수가 없다.

나는 친분 있는 일본사 연구자에게 이 점에 대해 물어본 적이 있다. 그러나 그에게서 대답을 듣지는 못했다. "세켄이라, 참 난감하군요" 하며 대답을 얼버무려 넘겼다. 이 경우는 '세켄'을 인지하고 있으나 무슨 사정이 있어 이를 연구 대상으로 삼고 싶지 않으며 화제로도 올리고 싶지 않다는 마음을 보여준다. 이러한 연구자라면 아직 희망을 가져볼 수 있다. 왜냐하면 그는 지금으로선 '세켄'에 대해 언급하고 싶지 않지만, '세켄'이 다루기 쉽지 않은 대상이라는 점은 알고 있기 때문이다. 국문학자나 역사학자는 문서화된 사료를 주로 연구한다. '세켄'이라는 말은 옛날부터 문헌에 종종 등장하는 말이므로, 그런 면에서 사료로 다루어질 여지가 있지만, 문제는 현재에도 이 말이 사용되고 있고 메이지 시대 이후 '사회'라는 말로 대치되었기 때문에 오히려 '세켄'이라는 말은 사용할 필요가 없다고 생각하는지도 모르기 때문이다.

너무 지나친 생각일지도 모른다. 그러나 앞에서 언급했듯이, 예민한 연구자라면 '세켄'이라는 말이 피차별 집단인 에타(穢多)나 히닌(非人)을 배제한 채 생긴 말이라는 것을 알고 있을지 모른다. 현재의 '세켄'이라는 말에 이와 같은 문제가 내재해 있다는 점을 아마 알고 있을 것이다.

그러나 학자들은 대부분 '세켄'이라는 말에 거부반응을 보이는 경우가 많았다. 이들은 몇몇 사회학 강좌도 나가고 있는데, 거기에서 '세켄'에 대해 언급하는 경우는 없다. 나는 차별 문제를 다룰 때 이 '세켄'이라는 말을 키워드로 사용하는데, 이런 강연을 의뢰하는 곳이 매우 많다. 일반 사람들과 차별을 받고 있는 사람들에게 이 '세켄'이라는 말은 이젠 모두 잘 알고 있는 사실이 되었다.

'세켄'을 인지하지 못하는 학자의 경우는 어떨까? '세켄'을 모르는 학자가 과연 있을까? 그런데 실제로 그런 학자가 있다. 일본 사회에 살면서도 '세켄'이라는 틀 속에서 살고 있다는 사실을 모르는 학자가 분명 있다. 그런 경우는 자신의 연구가 자신이 정한 방침에 따라 진행되고 있으며 거기에는 아무런 문제도 없다는 믿음이 자리잡고 있다. 가령 '세켄'이라는 것이 존재한다고 하더라도 자신은 그와 상관없다고 여기고 있는 것이다. 그러한 학자는 '세켄'이 히닌과 같은 피차별 집단을 배제한 가운데 형성되었다는 사실조차 믿으려 하지 않으므로, 역사가로서 성실하다고 할 수 없다. 역사가의 경우, 일본에서는 고대사학자·중세사학자라 하여 다루는 범위를 정해놓아 자신의 영역을 벗어난 논의 광경은 거의 찾아볼 수 없다. 따라서 중세사학자는 현대와 관련된 내용들을 다루어볼 기회가 거의 없다. 이렇게 '세켄'이라는 말이 현재에도 사용되고 있다는 이유로 중세사학자에게 기피의 대상이 되고 있다. 과연 이대로 괜찮은 것일까?

일본 역사학의 미래

여기서 역사 연구 방법에 대해 언급해보고자 한다. 역사 연구의 대상은 어떻게 정하는 것일까? 그리고 그 대상을 분석하기 위한 방법은 어떻게 생성되는 것일까? 나는 이 문제를 개체[個]의 삶의 방식 문제로 파악했다. 일본 사회든 어느 사회든 인간이 살아가려면 자신의 주변 사회를 관찰해야 한다. 주변 사회와 더불어 살아가는 인간관계의 형태나 그에 관련된 다양한 관습과 부딪혔을 때, 인간은 그런 관계나 관습 형태의 유래를 캐고, 그것을 어떻게 시정해갈지를 생각할 것이다. 이러한 고찰을 진행해가면 국가도 그 대상으로 포함될 것이다.

이렇게 역사 연구의 출발점에는 현재가 있다. 현대 일본에서 출발해 역사 연구의 길로 들어서는 것이 자연스러운 형태일 것이다. 그러나 거기서 그치는 것이 아니다. 일본 사회는 구미 사회가 안고 있는 문제와 다른 문제를 안고 있다. 이 점을 먼저 이해해야 한다. 일본 사회에서는 한 사람의 개체[個]가 개체[個]로서 살아가기가 매우 어렵다. 이는 이미 유년기에 누구나 자각하게 되는 부분이다. 부모들은 자신의 유년기 체험을 자기 아이들에게만은 하게 하고 싶어하지 않으면서도 '세켄'의 관습에 맞추어 아이를 교육해야만 한다.

여기서 우리는 이 나라에 "아이도 어른과 마찬가지로 인격을 가진 존재"라는 말이 상식으로 통할 수 있도록 노력해야 한다. 아이뿐만이 아니다. 모든 인간에게는 인격이 있다는 사실을 더 확고한 사실로 자리잡게 해야 한다. 그리고 모든 인격은 존중받아야 한다. 이렇게 말하면, 그럼 그것을 어떻게 실천해갈 것인가 하는 질문이 나올 것이다. 한마디로 대답하면, 일본의 '세켄'이라는 존재를 한 사람 한 사람에게 자각시키는 것이다. 일본 사회 속에서 개인은 정당한 위치를 차지하지 못하고 있다. 개인을 정당한 위치로 되돌리기 위해서는 어떻게 해야 할까?

여기서 지금까지 자세히 논해온 '세켄'의 역사를 상기해보아야 한다. 메이지 시대 이후 우리는 계속 서구의 문화를 섭취해옴으로써 일본의 역사까지도 서구의 역사에 비추어 이해하려고 했다. 이 때문에 '세켄'을 무시하고 '세켄' 때문에 괴로움을 당한 많은 사람들의 고통을 모른 체해왔다. 우리는 「빈궁문답가」(貧窮問答歌)의 주인공이 겪은 고통을 자신의 고통으로 느껴보아야 한다. 노숙자 생활을 하는 사람뿐만 아니라, 노숙 생활 직전까지 간 사람이 우리 가까이 존재한다는 점을 느껴야 한다. 그리고 그들을 돕기 위해 신란(親鸞)이 어떻게 투쟁했는지를 상기해야 한다. 겐코(兼好) 법사나 사이카쿠(西鶴) 모두 '세켄'을 대상화하기 위해 노력했다. 이러한 역사를 통해 배워야 한다.

'세켄' 속에 유폐되어 있던 개인을 해방시켜야 한다. 그러나 이는 서구의 개인이 걸어온 역사를 그대로 따라 걷는 것이어서는 안 된다. 앞서 보았듯이, 서구의 개인은 인간을 세계의 패권자 자리에 세워두고, 다른 동식물을 인간에게 봉사하는 존재로 보고 있다. 이와 같은 기독교적인 인간 이해를 공유해서는 안 된다. 우리에게는 그와 다른 '세켄'의 역사가 존재하기 때문이다. 『일본영이기』(日本靈異記)의 세계를 상기해보자. 거기에서는 굴조개조차 은혜를 갚으려고 한다. 이러한 종류의 보은담에 주술적인 요소가 있다고 하여 이를 모두 부정할 필요까지는 없다고 본다.

인간은 이 세계의 패권자가 아니다. 오히려 이 세계의 파괴자이다. 이러한 점을 충분히 이해하기 위해서는 우리 '세켄'의 원형인 『일본영이기』의 세계를 재확인해보아야 한다. 인간이 동식물과 더불어 이 세계에서 살아가기 위해서는 겸허한 자세가 필요하다. 이는 우리 조상들이 직접 실천해온 자세이다.

그러나 '세켄' 속에서 개인을 해방시키는 길은 매우 험난한 길이다. 더욱이 우리는 역사와 만나는 접점을 찾아내야 하는 것이다. '세켄' 속에 있으면서 역사를 자기 자신의 체험으로 좀더 가까이 끌어오기 위해서는 어떻게 해야 할까? 무엇보다 우선 개인이 '세켄'에서 자립해야 한다. 그러기 위해서는 '세켄'과 투쟁해야만 한다. '세켄'은 개인의 돌출 행동을 좋아하지 않는다. '세켄'은 전체적으로 '안일한 체질'이다. 그런 '세켄' 속에서 자신의 자질을 향상시키고 자신의 주장을 관철해가기 위해서는 투쟁해야 한다. '세켄'과 싸움으로써 역사에 대한 전망까지도 열어갈 수 있다. 많은 사람이 '세켄' 속에 안주하며 역사를 '세켄' 밖에서 연출되는 드라마쯤으로 보고 있을 때, 스스로 직접 역사와 대면하고 역사를 써가기 위해서는 우선 '세켄'과 투쟁해야 한다. 역사는 투쟁하는 자에게만 그 모습을 보여준다.

역사는 '세켄'과 투쟁하는 자에게만 그 모습을 보여 준다

그러나 '세켄'과 벌이는 투쟁은 단순한 투쟁이 아니다. '세켄' 속에서 자신의 길을 개척해가기 위한 투쟁이므로, '세켄'과 정면 승부를 벌일 필요는 없다. 웃는 얼굴로 '세켄' 사람들과 만나면서 자신의 길에 관한 한 철저하게 싸우겠다는 자세를 온화한 태도로 표현해야 한다. 이 투쟁은 혼자서 하는 투쟁이기는 하지만, 동조자를 만나면 그 동조자와 손을 잡고 가는 것도 좋다. 이와 같은 고독한 장정 속에서 동조자를 만난다는 것은 참으로 즐거운 체험이다.

    나는 '세켄'에 대한 이러한 연구 내용을 뉘른베르크의 에어랑겐 대학 사회과학연구소에서 발표한 적이 있다. 그 당시 청중들은 대부분 연구소의 연구원인 독일인들이었지만, 그 밖에 멕시코인, 중국인, 인도네시아인, 네덜란드인도 있었다. 그들은 내가 발표한 '세켄'에 대해 이해

했고, 이 연구소에서는 한동안 '세켄'이라는 말이 유행했다. 당시는 아직 '세켄'에 대한 연구를 막 시작한 단계여서 역사 문제에까지 시야가 닿지는 못했다. 그러나 발표를 들은 많은 사람들이 '세켄'에 대해 이해했다. 최근 빈 대학에서도 '세켄'에 관한 학위논문이 통과되었다. 또한 독일인 역사가나 글래스고 대학의 사회학자에게서 '세켄'에 관한 질문을 받았다. 외국인도 이해하는 '세켄'을 일본인이 이해하지 못하는 이유는 무엇일까? 그것은 '세켄'이 생활 속에 밀착된 일상생활 그 자체이기 때문이다. 앞에서 서술했듯이, 서구의 학문도 에드문트 후설 이후 생활 세계로 관심을 돌리게 되었다. 역사학을 국민에게 돌려주기 위해서는 무엇보다도 먼저 '세켄'의 질곡에서 눈을 떠야만 한다.

많은 일본인은 '세켄' 속에서 살아가고 있기에 역사 속에서 자각하며 살아가고 있다고 할 수 없다. 그러나 그럼에도 직접 역사에 관여하기도 한다. 예를 들면, 전쟁이나 재해가 일어났을 때이다. 패전과 함께 만주나 남방에서 귀국했던 사람들은 갑자기 역사의 최전선에 나서게 되었다. 그리고 보면 우리는 모두 일상직으로 역사의 최전선에 서 있는 셈이지만, 이를 충분히 자각하고 있다고는 할 수 없다. 일상생활 속에서 '세켄'의 인간관계에 얽매여 있는 사람은 역사와 직접 대면할 기회가 적다. 그러나 그런 사람이라도 역사와 직접 대면할 때가 있다. '세켄' 속에서 제대로 적응하지 못하는 사람의 경우가 그렇다. '세켄'에 잘 적응한 사람은 '세켄'을 모르며 그 본질을 이해하지 못한다. 그러나 '세켄'에 적응하지 못한 사람은 '세켄'의 본질을 알게 되어 역사와 직접 대면하게 된다. 이러한 의미에서 역사는 '세켄'에 잘 적응하지 못하는 사람이 발견하는 것이다.

'세켄'을 역사로 대상화한다

'세켄' 속에서 살아가면서 역사와 직접 대면하기 위해서는 '세켄'과 투쟁하는 방법 외에 또 다른 방법이 하나 있다. 그것은 자신의 주변에 있는 '세켄'을 역사로 대상화하는 방법이다. 두말할 필요 없이, '세켄' 역시 역사와 다를 게 없기 때문이다. 그러나 우리는 '세켄' 속에 시야를 못박아두는 한, 역사 속에서 제한된 곳에 갇혀 역사 그 자체의 움직임을 직접 경험하지는 못한다. 하지만, '세켄' 속 인간관계를 포함해 자기 주변의 '세켄'을 역사로 받아들일 수도 있다. 그러기 위해서는 '세켄'과 무의식적으로 일체화된 현재의 자신을 '세켄'으로부터 해방시켜야 한다. 그러나 메이지 시대 이후 지식인들이 그래왔듯이 서구의 개인이라는 개념을 통해 '세켄'을 관찰한다면, '세켄'의 본질에는 이르지 못할 것이다. 잠시 빌려온 서구의 개인이라는 개념으로는 실질적인 '세켄'을 파악할 수 없을 것이다. 오히려 '세켄'과 대치하면서 일본 독자적인 개인이 탄생할 가능성도 있다. '세켄'과 대치하면서 태어난 개인은 '세켄'까지도 역사로 볼 수 있게 되어, '세켄' 속에서 살아가는 고충을 어느 정도 완화할 수 있지 않을까?

■ 나오는 글

몇 년 전, 이와나미 출판사(岩波書店)의 오쓰카 신이치(大塚信一) 전 사장이 『역사란 무엇인가』라는 책을 써보는 것이 어떻겠냐는 제안을 했다. 잘 알다시피, 같은 책 제목으로 E. H. 카의 유명한 저술이 있다. 카의 『역사란 무엇인가』 번역서는 1962년에 나와, 이미 40년도 더 되었다. 이후 역사학에도 상당한 변화가 있었다. 나는 마침 신초샤(新潮社)의 『생각하는 사람』(考える人)을 통해 자서전을 연재 중이어서, 내가 젊었을 때부터 걸어온 면학의 여정을 되짚어가고 있던 터라, 내 역사 연구를 총정리 해본다는 생각으로 그러한 책을 한번 써보고 싶었다. 그러나 처음부터 카와 같은 형태의 저술을 생각하지는 않았다. 나는 최근 몇 년간 '세켄'이라는 문제에 매달려 있었기 때문이다.

'세켄'에 관심을 갖게 된 것은 독일에 유학을 갔을 때였다. 독일인들과 만나는 가운데 그들이 개인으로서 살아가는 모습과 일본인이 개인으로서 살아가는 모습에 차이가 있다는 생각을 하게 되었고, 그 차이를 알아보려고 한 것이 그 시작이었다. 먼저 유럽에서 개인이 탄생하게 된 배경을 알아보고 이어서 일본에서 개인이 살아온 배경을 알아보려고 했다. 그때 '세켄'의 존재를 깨달았다. 일본에서는 부주의한 일을 저질

렀을 경우, 정치가든 기업가든 그 일에 대해 설명을 할 때 "나는 죄가 없다. 그러나 세켄에 소란을 피워 죄송하다"며 사과하는 경우가 종종 있다. 이 말은 영어나 독일어로 번역할 수가 없다. 이 말의 앞부분은 번역할 수 있다. 그러나 뒷부분까지 함께 번역하는 것은 불가능하다. 구미인의 경우 "나는 죄가 없다"고 말한 다음에는 "모두가 이 말을 믿어줄 때까지 싸우겠습니다"라는 말이 와야 자연스럽다. 그런데 일본인은 그 대목에서 사과해버린다.

이와 같은 상황을 독일의 사회학회에서 발표하였을 때, 나는 '세켄'에 대해서 설명해야만 했다. 일본에서는 유럽과 달리 개인이 사회와 대치하는 것이 아니라, 개인은 '세켄' 속에서 존재하므로 개인의 행동에 대해서 사회보다는 '세켄'에서 어떤 판단을 내릴까 하는 쪽에 더 큰 관심이 집중된다. 최근 발생한 여러 정치 동향을 바라보는 시각에서도 일본인은 여전히 '세켄' 속 인간관계에 깊은 관심이 있어, 대부분이 '세켄'의 범주를 뛰어넘지는 못했다. 정치가들도 자신이 속한 파벌의 동향에만 관심을 집중해, 미래나 이상에 대해 전혀 눈을 돌리지 못하고 있다. 이처럼 '세켄'에 관심을 집중하면서 관찰해가다 보면, '세켄'의 역사를 살펴보게 된다. 이러한 배경에서 앞서 『'세켄'이란 무엇인가』('世間'とは何か)라는 책을 출판하기도 했다.

'역사란 무엇인가' 라는 물음에 대해 답을 찾아갈 때, 카의『역사란 무엇인가』에 의존해서는 안 된다고 생각한 이유도 바로 이 '세켄'에 있다. 일본인은 어려서부터 개인으로서 길러지지 않았다. 가족 속에서, '세켄' 속에서 모든 것을 엄격하게 교육받고 성장해서는 '세켄'을 늘 의식하면서 살아간다. 절대적인 그 무엇에 관심을 가질 만한 기회가 적은 것이다. 그렇더라도 젊었을 때에는 유럽의 문학 작품을 좋아하고 절대적인 대상에 관심을 갖는 경우도 있다. 젊었을 때 유럽에 대해 가졌던 이러한 관심이 나이가 들어서는 아직 젊어서 부리는 객기 정도로 치부되고 만다. 이렇게 일본인은 세켄 속에서 너무 빠르게 나이를 먹고 만다.

많은 일본인은 '세켄'을 벗어난 시야의 확대를 생각하지 않는다. 그래서 역사도 '세켄' 밖에서 연출되는 드라마처럼 여기는 것이다. 물론 일본인 중에도 '세켄'을 뛰어넘는 시야를 가진 사람이 적으나마 존재한다. "미국은 베트남에서 손을 떼라"는 띠를 두르고 출근 투쟁을 한 가네코 도쿠요시(金子德好)와 같은 사람도 있다. 또한 오키나와의 지바나 쇼이치(知花昌一)처럼 미군기지 문제와 전쟁 중 일본 군대가 민간인을 방기한 문제를 해결하기 위해 '세켄'과 투쟁하며 역사와 직접 대면한 사람도 있다. 이런 사람들은 일상생활 속에서 역사와 함께 살아온 것이다. 그러나 일본인 대부분은 '세켄' 속에서 살면서 역사를 '세켄' 밖에서 움직이는 드라마 정도로 보고 있을 뿐이다.

이렇게 보면, 일본인은 E. H. 카의 『역사란 무엇인가』를 역사 교과서로 삼을 수가 없다. 그래서 나는 일본인의 '세켄'을 먼저 분석해 '세켄'과 역사의식의 관계를 밝힌 다음, 일본인의 역사 인식 방법을 고찰해야 했다.

앞에서 언급했듯이, '세켄'은 본래 '부정되는 것'이라는 의미를 가진 산스크리트인 '로카'(loka)를 번역하면서 생긴 말이라는 사실이 보여주듯, 일본에서는 예로부터 세상을 무상하다 여기며 변함없는 운명으로 받아들였다. 일본에서 메이지 시대 이전에 사회과학이 싹을 틔울 수 없었던 것은 '세켄'이 가진 이와 같은 성격이 크게 작용한 것으로 보인다. 일본인 마음의 저 심연에 과연 이런 생각이 없다고 단언할 수 있을까? 사회는 그 구성원 스스로 만들어가는 것임을 실감하기 위해서도 이 '세켄'을 대상화하는 작업부터 시작해야 한다.

  이 책의 집필 과정에서 히라다 겐이치(平田賢一) 씨에게 많은 도움을 받았다. 여기 그 감사의 인사를 남긴다.

2003년 9월 20일

아베 긴야(阿部謹也)

■ 옮긴이의 말

　긍정적이건 부정적이건 우리는 일본에 대해 많은 것을 궁금해한다. 우리와 참 비슷하구나 싶다가도, 어느 순간 역시 우리와 다르구나 하고 마음이 변덕을 부리기도 한다. 최근 다양한 분야에서 일본과 교류가 이루어지면서 일본에 대한 궁금증은 더욱 커지고 있다. 그것은 이제 단순한 감정적 궁금증이라기보다는 좀더 근원적인 것에 대한 궁금증으로 나타난다. 이러한 궁금증을 조금이나마 해소하는 데 일본인 연구자(그 스스로 '세켄'의 일부임을 인정한)의 시각에서 일본인들의 역사의식을 '세켄'(世間)이라는 독특한 생활양식을 통해 풀어낸 이 책이 도움이 되지 않을까 싶다.

　이 책을 번역하면서 중요한 키워드인 '세켄'이라는 용어, 본래 불교 용어로, 산스크리트어인 로카(loka)에서 왔다는 이 용어를 어떻게 처리할지 고민이 되었다. 우리말에도 '세간'(世間)이라는 한자말이 있으니 그대로 '세간'이라고 할지, 일본인의 생활 모습을 독특하게 들여다볼 수 있는 용어인 만큼 일본어 그대로 '세켄'이라고 할지 고민했다. 그러나 우리가 생각하고 있는 '세간'으로 일본의 '세켄'을 풀어내기에는 충분하지 않다는 결론을 내리고, 일본인의 역사의식을 접근해가는 데 원문 그대로인 '세켄'으로 번역을 진행했다.

지은이는 일본인의 역사의식을 다루는 데 지식인이건 일반 서민이건 일본인 전체와 관련 있는 단면으로서 '세켄'을 지목하고, 일본인들의 인간관계의 틀이며 모든 일본인이 그 속에서 살아가고 있는 '세켄'의 역사의식을 살펴봄으로써 일본인의 역사의식을 분석할 수 있다고 보았다.

서양 중세사를 전공한 지은이는 일본의 역사의식을 풀어내는 데 자신의 전공 분야인 서양사와 비교 분석하는 것을 빼놓지 않는다. 그 과정을 통해 일본의 역사학과 역사의식이 서양의 그것과 어떻게 다르며, 서구의 근대적 개념을 도입하면서 출발한 일본의 근대 역사학이 그 개념들에 대한 내부의 구체적 논의 없이 일방적 이식에 그치게 되어 일본 근대에 이중 구조('세켄'이 살아 있는 폐쇄적인 전통적 가치관과 근대화된 사회 공간)를 낳았다는 점을 지적했다.

지은이는 이러한 이중 구조로 인해 세계화, 국제화를 지향하는 분위기 속에서 외국인들의 일본에 대한 이해를 저해하고 일본인을 스스로 제약하므로, '세켄' 속에 유폐된 개인을 해방시키자고 제안한다. 그러나 이때 개인을 세계의 패권자로 보고 주변의 동식물을 인간에게 봉사하는 존재로 규정한 서구의 개인 개념이 가진 역사를 그대로 답습하는 것이 아니라, 굴조개조차 은혜를 갚는 『일본영이기』(日本靈異記)적 개인, 주변의 동식물과 더불어 살아가기 위한 겸허한 자세를 가진 개인이어야 한다고 했다.

그리고 지은이는 이를 실천하기 위해 먼저 일본인 스스로 피하고 있는 '세켄'이라는 존재를 자각해야 하며, 나아가 자신의 자질 향상과 자기 주장의 관철을 위해 투쟁해 '세켄'에게서 자립해야 하며 '세켄'을 대상화해 개인을 그의 정당한 위치로 되돌려야 한다고 지적한다.

일본의 '세켄'은 증여·상호보답, 장유(長幼)의 질서, 공통된 시간 의식을 행동 원리의 기본 원칙으로 삼고 있다고 한다. 지은이가 지적했듯이, 이는 현 질서를 거스르지 않고 잘 순응해야 한다는 사실을 전제로 한다. 그 안에 안주하기 위해서는 모든 관심을 '세켄'에 집중시켜야 한다. 외부에 눈 돌릴 틈이 없다. 내부에서 일어나는 변화에 대해서는 정확한 지침이 마련되어 적절히 대응할 수 있다. 그러나 외부에서 오는 변화에 대한 대응 능력은 어떨까?

아마도 지은이는 이를 위해 지속적으로 '세켄'에 대한 관심과 자각을 주장하고 있는지도 모르겠다.

이는 우리에게도 적용되는 주장일지 모른다. 시선이 지나치게 내부 문제에 쏠려 있지나 않은지, 외부의 변화에 너무나 안이한 것은 아닌지. 이 책은 일본의 '세켄'을 통해 일본인들의 역사의식을 들여다볼 수 있는 기회와 함께, 비슷한 역사 경험(물론 서구의 근대 개념이 일본에 의해 한 번 걸러진 채 들어오기는 했지만, 구체적 논의 없이 그대로 이식됨으로써 전통적 가치관과 근대화된 사회 공간의 조화를 이루어내지 못한 상태에서 오늘날에 이른 점)을 가진 우리에게 우리 자신을 들여다볼 수 있는 기회를 제공하는 책이 아닌가 하는 생각이 든다.

옮긴이로서 한 가지 아쉬운 점이 있다면, 지은이가 일본 고대사를 보는 인식과 관련하여, 특히 한반도와 관련한 내용에서 은연중 '임나일본부설'을 따르고 있다는 점이다. 일본 학계에서도 이미 파기되다시피한 이 설은, 스에마쓰 야스카즈(末松保和)가 『임나흥망사』(吉川弘文館, 1949년)를 통해, 19세기 말 대륙 침략과 더불어 등장한 소위 '임나일본부문제'라고 불리는 한반도 남부경영론을 정리하면서 일본 교과서에도 실려 학습이 이루어졌다.

지은이는 제국주의 일본에서 역사 교육을 받아 성장한 세대이기도 하다. 지은이 나름대로 균형 있는 시각을 갖고 역사 연구를 해온 훌륭한 학자라는 점은 변함없으나, 그가 가진 자국 역사 인식에는 어쩔 수 없는 한계를 보여주었다는 점이 다소 아쉬움으로 남는다.

이 책을 번역할 수 있도록 기회를 주신 고려대학교의 김현구 교수님과 도서출판 길의 박우정 대표님, 이승우 기획실장님께 감사드린다.

2005년 2월

이언숙